幼儿园新教师上岗手册

给充满困惑的新教师和园长们

施 燕◎主编 林 琳◎副主编

华东师范大学出版社
·上海·

感谢以下单位和个人为本书提供照片

上海市嘉定区实验幼儿园
重庆市渝中区实验幼儿园
江西师范大学附属幼儿园
厦门市鼓浪屿艺术幼儿园
枫叶交响幼儿园
徐悲鸿艺术幼儿园
钟辰运、钟辰曦家庭
孙亦婷家庭
包昀凡家庭等

序

由华东师范大学学前教育与特殊教育学院师资培训中心施燕主任编写的《幼儿园新教师上岗手册》即将出版，由衷感到高兴。施燕老师长期从事学前职前与职后的教师教育，潜心于幼儿教师专业发展的研究。更使我敬佩的是，尽管在大学任教她却能深入幼儿园指导教师专业发展的工作，对华东师范大学历届毕业的幼儿教师的成长经历如数家珍、关心备至。因此，她能将教师教育理论阐释与专业实践分析有效整合，提出独到而精辟的幼儿教师专业发展的观点和策略，常使我受益匪浅。

施燕老师嘱我为她主编的《幼儿园新教师上岗手册》写序，实不敢当。但是初读《手册》，却感到非同一般。关于新教师入职指导的书虽有多个版本，但《手册》所编撰的内容"全"、"精"、"实"，令人欣喜。全——指全面性，《手册》四章十六节涵盖了从事幼儿教育实践过程中涉及的关键要素——幼儿教师职业感悟与师德修养、幼儿一日活动与保教实践、幼儿园班

级管理与家园联系以及保教研究与专业发展的全部内容，是新教师在大学教育中所未能涉及的实践性知识；精——指精辟性，《手册》对于新教师上岗将要面对的困难和问题分析到位、指导准确，文字也精练明了，精选的案例能使新教师加深理解，在实践中比照、反思；实——指实用性，《手册》内容与体例的编排让人耳目一新，各个章节的标题鲜明，使新教师能够随阅随用，成为指引新教师"实践"与"思悟"的"好朋友"。

因此，说是作序，确切地说是写下初读后的感受。由于初读，在领会上还比较肤浅，但仍愿与幼教同行一起分享先睹为快的喜悦。

首先，"不知道怎样迈入幼教职场第一关的新教师"拿到《手册》应是倍感贴切的。我常常接触到刚从大学毕业的新教师，她们对教师生涯的憧憬往往与幼儿园现实情况存有较大差异，常会感到自身准备不足，甚至因"事与愿违"而产生挫折感。《手册》则为新教师找到了"适应"的起点，帮助新教师把准专业起始的定位，使她们做好心理准备。此外，《手册》还为新教师如何"适应"指出路径，使新教师能主动面对新的"经历"，自然融入幼儿园的教育生活。在明确怎样才是真正"适应"的问题上，《手册》帮助新教师为自己的成长"把关"，"默默地指引"新教师将每一个跨过的入职"难关"作为专业发展的新起点。

其次，广大园长在阅读《手册》后相信也会与我同样爱不释手。随着园所的迅速发展，越来越多的新教师乃至非学前专业教师走上幼教岗位，在新教师培养的数量和速度上都对园长提出了新的挑战。园长不免会烦恼如何有针对性地指导"新手"、怎样才能提高新教师培养的实效性、如何避免管理"盲区"等诸多问题。《手册》四章十六节的内容作为幼儿园新教师在起步阶段规范化培养的指引，能使园长和带教教师确立明确的目标，达成培养工作的一致性，确保新教师在高起点上持续成长。

细细品读《手册》的每个章节，我逐渐感悟到《手册》以新教师发展需求及解决"适应"难题为基点，与新教师进行的是"对话式"的沟通，并以质疑设问句式作为解决难题的关键提示，还配有名言摘录和参考书目，这使幼儿园园长和新教师的培养者能够更加关注新教师的现实困难和具体问题，尽量满足并引导每一位新教师的成长需求，激活新教师主动发展的动力。

最后，我想说的是，幼儿园有必要也应该以《手册》为依据，为新教师建立起"入职与发展档案"，使其更快地适应工作，从而在幼教专业上更好地发展。

郭宗莉

（上海市卢湾区思南路幼儿园）

目 录

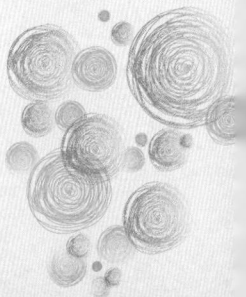

第二章 初进幼儿园

第三章　幼儿园里的一天

第一章

一个新的开始

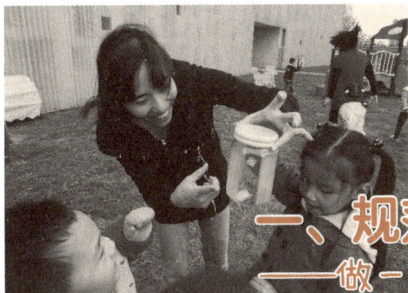

一、规范与要求
——做一名遵纪守法的教师

翻开本书第一页，你首先看到的是对教师最基本的要求——遵纪守法。在这里提及的不是作为一名普通公民需要遵守的一般法律法规，而是一名幼儿教师必须遵守的特殊法律法规以及幼儿园规章制度、教师职业规范等内容，这些是让你成为一名合格教师的基础。目前，我国政府正从制度、政策方面大力推进学前教育发展的进程，并提升到法律的层面，让法律成为教师专业化的基石，成为教师发展自己、保护儿童的利器。新入职的教师将从本章中了解与学前教育相关的法律法规，从而做到依法教学、依法育人，成为一名知法、懂法、守法的称职的幼儿教师。

（一）幼儿园的规章制度

每所幼儿园都会有自己相应的规章制度，以保证幼儿园的正常运转。规章制度作为幼儿园的"法"，是为了实现幼儿园办园目标，在对幼儿园各项工作和各类人员的要求系统化、条理化的基础上制定的必须遵守的行为准则和工作规程。

1. 了解幼儿园的规章制度?

在幼儿园里要开展好各类保教活动、有效地运行整个组织系统,需要各类制度的保障。在幼儿园运行系统中,各部门工作都有自己相应的一套制度体系,以保障工作正常开展。

类 别		制度名称例举
全园性制度		考勤制度、交接班制度、值班制度、学习制度、办公制度、上班制度、教职工职业行为规范、收托儿童制度、接送制度、安全制度、家长联系制度、奖惩制度等
部门性制度	学习与会议制度	园务会、全园会、班务会、教代会、党组织(青、工)会、伙委会、家委会等
	卫生保健制度	生活作息制度、健康检查制度、体格锻炼制度、卫生防病制度、伙食营养卫生制度等
	保教制度	计划与记录制度、备课制度、教研活动制度、常规工作检查制度、保教质量全面检查制度等
	总务制度	财务财产管理制度、伙食管理制度、门卫制度、档案资料管理制度等
岗位责任制度		园长职责、业务园长职责、保教主任职责、教研组长（年级组长）职责、教师及保育员职责、保健员职责、炊事员职责、财务人员职责、事务人员职责、门卫职责等

2. 遵守幼儿园的规章制度

作为新教师，首先要熟悉和了解自己所在的幼儿园有哪些规章制度，这些规章制度的具体内容是什么，然后在平日工作中具体执行。更重要的是，不断反省自己对规章制度的执行情况。例如，下例是某所幼儿园的备课制度，要求比较具体和明确，新教师可以不断对照此制度完善自己的备课习惯。

某幼儿园备课制度

备课是教师开展活动之前的准备工作，是分析教材、解读幼儿的一种表现。教师在备课前后，必须对各方面的情况做好充分的准备，从而有针对性地实施活动。因此，特制定本制度，并要求严格实施。

一、以《幼儿园教育指导纲要(试行)》和《3—6岁儿童学习与发展指南》为依据，开展对幼儿园课程教材的研究和实践，结合幼儿的年龄特点和主题背景，做好活动前的备课和各项准备工作。

二、备课以集体备课与个人备课相结合的方式进行。开展集体备课时应取长补短，更好地发挥集体备课的作用，真正实现资源共享，促进幼儿园保教质量的整体提升。

三、集体备课每两周不得少于一次。备课组内的每一位教师要在集体备课的基础上对教案进行修订，形成具有个人特色的教案。

四、教研组长负责组织本组的集体备课活动，统筹安排，严格把关。教师应积极认真地参加集体备课活动。集体备课时不迟到、早退，不无故缺席。

五、备课应以目标为指导，重难点突出，因人施教，注意个体差异，根据幼儿的不同发展水平及教育内容，设计不同的活动形式。

六、按照备课及教学要求制作教学具，保证制作的教学具有创意、使用方便、耐用，并能体现多功能性。

七、对教案及教学内容要熟悉，例如：熟悉弹奏乐曲、熟练背诵故事等。

八、教案写作要求字迹工整、书面整洁、无错别字、过程清晰，富有幼儿学习特点、游戏性和可操作性。

九、教案要提前一周备好，并于每周五前递送至保教主任（或教研组长）审批。

（二）幼儿园教师的权利与义务

1. 幼儿园教师的资格

国务院1995年12月12日实施的《教师资格条例》规定，只有已获得幼儿园教师资格的人员才可担任幼儿教师的工作。获得幼儿园教师资格需要具备的条件包括：取得合格学历、参加教师资格考试合格、参加普通话水平测试合格、进行思想品德鉴定并合

格、进行体格检查并合格，以及达到省级教育行政部门规定的其他条件。（具体详见网站：ntce.neea.edu.cn）

2. 幼儿园教师的基本权利

幼儿园教师的权利是指教师在教育活动中享有的由教育法赋予的权利。依据《中华人民共和国教育法》、《中华人民共和国教师法》，我国幼儿园教师具有以下基本权利：

■ 教育权。进行保育教育活动，开展保育教育改革和实验。

■ 科学研究权。从事科学研究、学术交流、参加专业的学术团体，在学术活动中发表意见。

■ 管理幼儿权。指导幼儿的学习和发展，评定幼儿成长发展的权利。

■ 获取报酬待遇权。按时获取工资报酬，享受国家规定的福利待遇以及寒暑假期的带薪休假。

■ 民主管理权。对幼儿园的保教工作、管理工作和教育行政部门的工作提出意见和建议，通过教职工代表大会或者其他形式，参与幼儿园管理的民主的权利。

■ 进修培训权。参加进修或者其他方式的培训。

3. 幼儿园教师应履行的义务

教师的义务是指教师依照《中华人民共和国教师法》、《中华人民共和国教育法》及其它相关法律法规，从事保育、教育教学工作而必须履行的责任，表现为教师在教育活动中必须做出一

定行为或不得做出一定行为的约束。我国现行相关法律规定幼儿园教师应履行以下义务：

■ 遵守宪法、法律和职业道德，为人师表。

■ 贯彻国家的教育方针，遵守规章制度，执行幼儿园的保教工作计划、履行教师聘约、完成保教工作任务。

■ 按照国家规定的保育教育主要目标，通过活动对幼儿进行形象的爱国主义、民族团结教育、法制教育，组织、带领幼儿开展有目的、有计划的教育活动。

■ 关心、爱护全体幼儿，尊重幼儿人格，促进幼儿在品德、智力、体质等方面全面发展。不歧视、不辱骂、不体罚、不虐待幼儿，不因幼儿的性别、民族、种族、家庭财产状况、宗教信仰而存有偏见。

■ 制止有害于幼儿的行为或者其他侵犯幼儿合法权益的行为，批评和抵制有害于幼儿健康成长的现象。幼儿教师应预防、及时、适时制止不当行为或事件以减少、降低对幼儿的危害。

■ 不断提高思想政治觉悟和教育教学水平。

（三）幼儿的权利

1.《儿童权利公约》的基本精神

我国一向关心和重视儿童的生存、保护和发展工作，致力于使儿童权益的保护法制化、规范化。从国情出发制定了以《中华人民共和国宪法》为核心的一系列法律及大量相应的法规和政策措施，如《未成年人保护法》、《幼儿园工作规程》、《中华人民共和国教育法》、《母婴保健法》等。同时，我国也积极成为联合国《儿童权利公约》的签约国、批准国，逐步履行《儿童权利公约》所规定的义务，使得我国儿童的权利保护有了更全面和具体的法律依据。

《儿童权利公约》是1989年11月联合国大会通过的保障儿童权利的国际法律文书。公约的54项条文为儿童权利保护订立了一套全面的国际法律准则。中国于1990年成为签约国，该公约于1992年4月2日起对中国生效。公约的基本精神体现为以下四条原则：

■ 无歧视原则。不论儿童是何文化背景、社会出身、民族、语言、宗教、性别，是正常儿童还是障碍儿童，都应不受任何歧视或忽视，所有儿童平等享有他们的一切权利。

■ 儿童利益优先原则。凡是涉及儿童的任何事情，都必须以儿童利益为重，符合儿童的最大利益。

■ 保障儿童生存、生命和发展的原则。社会必须保障儿童的生存权，保障儿童生命、生活的质量，让他们获得充分的发展。

■ 尊重儿童观点和意见的原则。可让儿童参与制定那些对他们生活有重大影响的决策，为儿童创造更多地参加社会活动的机会，为使其成为有责任感的成年做准备。

2. 保障幼儿权利是幼儿教育的重要职能

幼儿教育工作者应认识到，保障幼儿权利是幼儿园教育重要而基本的职能。幼儿教育与成人本位教育的根本区别在于它的目的是帮助儿童最终成为成熟的、独立的、能正确地行使自己权利的合格社会公民，而不是成人的奴隶或附属品。

为了实现这一职能，就要求在幼儿园保教实践中贯彻执行有关儿童权利保护的一系列法律和法规，将"立法"这一政府行为转化为每位教师的意识和行为，要特别在以下几个方面做到：

■ 在教育中转变教育观念，规范教师行为，尊重幼儿，不歧视、不侮辱、不体罚任何一个幼儿。

■ 创设一个平等、民主、温暖、宽松的环境和教育氛围。

■ 努力提高幼儿园教育的质量，促进每个幼儿身心健康地全面发展。

■ 在教育过程的每一个环节上，努力发挥幼儿的主体性，尊重幼儿的意见发表权、参与权，让幼儿园成为幼儿主动积极地活动的乐园。

■ 向家长、社区宣传儿童权利保护的法律、法规。

3. 所有幼儿都有入幼儿园的权利

根据法律规定，所有适龄幼儿，不受种族、宗教信仰等限制，都有进入幼儿园接受学前教育的权利，依据各地具体情况的不同，入园年龄可能会有所差异，一般为3～6岁的幼儿。如果可以进有招收外籍幼儿资格的幼儿园，需要政府相关部门审批。根据相关的法律法规规定，幼儿在入园前须进行体格检查，合格后才可入园。

（四）幼儿园教师的礼仪规范

教师礼仪是教师在工作岗位上待人接物、为人处世的行为规范，包括仪容、仪表、体态、语言等，良好的礼仪规范能表现出教师应有的气质与风度，获得学生以及家长的认可和喜爱。幼儿园教师所面对的学生是低幼儿童，具有明显的年龄特点，可以从以下几个方面来注意自己的言行举止，使自己逐步成长为一名合格的幼儿园教师。

1. 仪容

仪容指人的容貌神态。通俗地说，就是指个人形体的基本外观，重点是人的容貌，包括头发、面部、化妆等。适宜的仪容不仅体现了教师对幼儿的尊重，也能获得幼儿的喜爱，提高教师的自信。

■ 素颜或化淡妆（保证基本的护肤即可）。上班期间可以不化妆，或者只是简单地画眼线、涂唇彩等，这些都只是为了给人一种有精神的感觉，不提倡浓妆艳抹。

■ 面带微笑，精神饱满，不把个人情绪带进教室。每天上班保持好心情，不把对其他事情的不愉快带到幼儿园。

■ 无刺鼻香水味，不戴首饰。尤其不要戴挂有长坠的项链、手链，也不要戴戒指，以免不慎划伤幼儿的皮肤。

■ 头发宜短，确保不挡住视线和影响幼儿。如果是长发，在岗期间可以将头发盘起，方便工作，刘海最好不要过眼眉，以免挡住视线。在幼儿进餐和点心时，长发易掉入幼儿碗中，所以一定要格外注意。

2. 仪表

仪表指人的外表，包括人的形体、容貌、健康状况、姿态、举止、服饰、风度等。作为一名幼儿园教师，穿着必须要自然大方，一方面给人留下简约、踏实的好印象，另一方面便于自己身体的活动，工作起来更方便。

■ 在园期间，教师的衣着应活泼大方、舒适得体，便于伸展、下蹲等动作。颜色可选色彩明快的，样式以运动服为好。

■ 在活动室里，备一双运动鞋或是平底软鞋，不会因皮鞋走路的声音而影响幼儿，而且一天站下来自己也不会感觉太累。

■ 衣着"三不宜"：衣服领口不宜太低太大；单上衣不宜过短；裙子、裤子不宜太紧，裙子不宜太短，要方便下蹲。

■ 注意T.P.O原则。即要求仪表修饰因时(Time)、地点(Place)、场合(Occasion)的变化而相应调整。

3. 体态

体态指身体的姿势和形态。俗语说"站如松，坐如钟"，幼

儿教师正确的体态不仅是幼儿的榜样，也更方便工作。

■ 站姿端正，自然挺拔、挺胸收腹、头微上仰、两手自然下垂。早接待时，可以保持这样的站姿，面带微笑迎接幼儿的到来。

■ 走姿稳健，头正胸挺、双肩放平、两臂自然摆动。

■ 手势自然，动作缓慢、力度适中，左右摆动幅度不宜过宽。与家长等交谈时，体态语言幅度不要过大和夸张。

■ 交谈姿态以站姿为主，自然亲切。对幼儿可采取对坐、蹲下、搂抱，尽量与交谈方保持相应的高度。

4. 语言

教师的语言作为一种职业语言，有其特定的要求和规范。对幼儿教师来说，其语言既要符合对所有教师的一般语言要求，又要体现反映幼儿教育特殊规律的特殊语言要求。

■ 面对幼儿，教师语速要适中，态度温和，语言生动、有趣、儿童化。

■ 课上语言：形象生动、语气柔和、委婉中听、咬字准确、吐音清晰、语调平稳、抑扬顿挫，切忌大声呼叫。

■ 课间语言：活泼欢快、亲切温柔，力求言简意赅、指令明确；说话时不过分夸张，不喜怒无常；杜绝怒斥、讥讽、威吓的语言。

■ 生活语言：关爱入微，力求体现母亲般的温和；不讲粗

话、脏话，更不能训斥幼儿。

■ 与他人（特别是家长）交谈时，尊重对方、学会倾听，不轻易打断别人的话语。想到共同的话题时，听完别人的话语，再接下来表达自己的看法，而且不要离听者距离过近。

你知道吗？

微　笑

不需资本，却能收到很大的利益

施与者没有任何损失，收受者却有丰富的收获

惊鸿一瞥，却能永久留在记忆深处

纵然拥有万贯家资，没有它也将索然无味

纵然一贫如洗，却能因它而富有

它能使疲惫者获得休息，使失意者获得光明

它是悲哀者的太阳，苦恼者的解忧剂

它不需用钱购买，不需强求，也不需盗取

无条件的付出才能显出它的价值

——戴尔·卡耐基

推荐书籍：

1.《幼儿园工作规程》

中华人民共和国国家教育委员会，1996年版。

■《规程》是我国幼儿园管理的重要行政法规，规定了国家对幼儿园的基本要求和管理的基本原则。

2.《幼儿园教育指导纲要解读》

教育部基础教育司，江苏教育出版社，2006年版。

■《幼儿园教育指导纲要（试行）》从2001年9月起试行，是进一步指导广大幼儿教师将《幼儿园工作规程》的教育思想和观念转化为教育行为的指导性文件。它对幼儿园的教育内容提出要求以及指导，如第三部分的九、十点对教师提出了建议与期望。

3.《幼儿教育政策与法规》

王相荣等编著．新时代出版社，2008年版。

■为提高幼幼教师的法律法规常识而编写，帮助幼儿教育从业人员了解与学前教育有关的政策和法律法规。

4.《教师礼仪的99个细节》

吕艳芝编著，华东师范大学出版社，2010年版。

■这是一本专为教师编写的实用性礼仪书籍，从教师应如何拥有得体的仪表、形成与他人良好的人际沟通以及需要掌握的社交规则等方面着手，助力打造优秀而得体的教师。

二、入职适应
——走出初入职盲区的秘诀

刚入职的新教师，需要对新工作环境进行摸索、熟悉和适应，这时难免会产生一些陌生感与畏怯感。有的人适应能力强，在新环境能游刃有余、顺风顺水。有的人则需要花很长时间去适应环境。也许，你只是不知道从哪做起，不用担心，"四个面对"教你如何应对新环境。

（一）低调平和地面对自己

新教师经历着从学生到教师的角色转换，难免不习惯事事亲力亲为。这时，就要有不怕"吃亏"的精神，所谓的"吃亏"，其实是一次帮助自己成长的契机。不要怕牺牲自己的体力做清洁工作、照料幼儿的生活，不要怕牺牲自己的休息或空班时间做教具、备课，也不要怕自己能力不足而错过任何一个能够独立承担任务的机会，更不要斤斤计较工作的多少，刻板地按照既定分工范围来决定自己是否要做某件事。"不要怕做，就怕没机会做，甚至不去做。"新教师要抓住每一次锻炼、学习的机会，从早晨踏入幼儿园开始的每一件事情，都要认为是自己应该做的，怀着重新学习的态度，多做多问多思考，争取事事亲历亲为、为自己争得磨练的机会，这样就能够尽快独挡一面，获得领导、同事和家长的认可与信任。

（二）诚恳谦虚地面对他人

保持一个新教师应有的谦虚、温和的态度，从微笑迎接每个人开始。园内每一位同事，都是你最好的引路人，他们是你工作中的伙伴、专业发展的支持者，要尊重、欣赏他们；当自己感到困惑时，可以主动和搭班老师、保育员进行交流、谈心，不要过分自尊、敏感、猜疑、怕被取笑，与人交往贵在坦诚相见，相互了解有利于今后共事；发现同事需要帮助时，不要吝啬自己的善良，及时主动地提供关怀与帮助，必定会得到他人的欣赏；在自己接受同事的帮助后更要报以真诚的微笑与感谢，这样相互理解与帮助，很快就会受到同事的认可和接纳，大家终会和谐、愉快地共事；如果遇到分歧，避免因与同事的私人关系而影响工作，可以等到适当的时机主动约同事一同休闲娱乐，化戾气为祥和。

（三）踏实勤奋地面对工作

做好"十年磨一剑"的准备，负起"在其位，谋其政"的责任。刚从学校里走出来的新教师抱着一套新颖、先进的理念来到工作岗位，时刻等待机会的到来以大展拳脚、脱颖而出。

但作为新教师，一定有许多不清楚的地方，在经验和能力上也难免不足，因此领导可能不会将一些重要的任务交给你，这时你绝不能因此而怠慢、放弃目标，仍然要踏踏实实地干出成绩、显示自己的能力与个性，才会使得众人对你刮目相看。另外，要处理好自己的标新立异，与同事意见求同存异、合作分享。每个人都有自己的想法和工作风格，作为新教师，在抒发自己的观点前，一定要先听听他人的意见和想法，这样才能一步一个脚印，不断进步。

（四）宁静快乐地面对生活

宁静致远，快乐扬帆。幼儿园里是"沸腾"的，各种声音此起彼伏、各类事情纷繁琐碎，新教师不习惯此景，一天下来便觉心力交瘁、体力透支。没关系，下班回家后赶快给自己找回一点儿宁静，放松身心，不但可以平复心情，也可以让你深谋远虑。静坐沉思，心中默念一个能让自己愉快而沉静的词或是想象一幅优美的自然风光，如"幸福"一词、"西湖荷花"的美景，慢慢地让一天的嘈杂轻轻远离、回归心灵的平和；培养快乐的习惯，从清晨起床就微笑开始，面对镜子说"你真漂亮"，周围的环境、一天的工作和生活都会因我而美丽、充实，同样用这种快乐的幸福感染他人，会收到意想不到的机遇；对生活说声"谢谢"，谢谢它让你成长在幸福的家庭中备受家人的关爱，谢谢它让你工作在幼儿园里以重温童真的乐趣，谢谢它让你经历挫折接受社会的考验与认可，谢谢它让你在困难中得到人间情暖。无需抱怨生活中的不平或是过分苛刻要求，只享受现在拥有的，就是最好的。

你知道吗？

幼儿教师专业发展的四个阶段

20世纪70年代，美国著名幼教专家丽莲·凯兹，对幼儿教师专业成长做了研究，提出了相应的专业发展阶段：

▶ 生阶段（工作头一年）：关注自己是否能够适应工作，原本对教师生涯的憧憬与现实存在巨大差异，使得此阶段的教师永远感到准备不足，有严重的挫折感。

▶ 强化阶段（一年以后）：通常在经过一年的诚惶诚恐的生涯后，教师可以感受到自己已克服"新手"的焦虑与无助感，而有能力整理自己过去一年的教学经验与心得，计划自己接下来需要从事的工作与需要学习的特别技能，对儿童也有了更多的了解。

▶ 求新阶段（三四年后）：此阶段的教师对老是教同样的东西及一成不变的教法感到厌烦，开始去探索幼儿教育的新趋势、新观念及新学法等，同时收集、研究新教材和教具，以调整、更新和充实自己的教学内容。

▶ 成熟阶段(五年以上)：此阶段的教师已肯定自己的能力及角色，以身为幼儿教师为荣，并且有足够的见解去探索更高层次的问题。

推荐书籍：

1.《幼儿园教师成长手册》

上海市中小学（幼儿园）课程教材改革委员会办公室组编，华东师范大学出版社，2009年版。

■ 这本书是让新教师通过不同的模块内容了解作为一名幼儿园教师需要做的工作、必须怎样做的策略，非常适合新教师甚至成熟教师阅读与学习。

2.《教师心理素质培养——做个快乐的幼儿教师》

王瑜元著，北京师范大学出版社，2008年版。

■ 从一个"半路出家"的幼儿教师，到一本幼教专业读物的编著者，作者用自己的经历探讨如何提高幼儿教师的心理素质，以及这些方法将会产生的结果。

3.《教学勇气——漫步教师心灵》

帕尔默著，华东师范大学出版社，2005年版。

■ 教师为着心灵的自由选择他们的职业，但是教学要求和现实使得很多教师心灵失落，作者为重新点燃教师对人类最困难最重要的教育事业的热情，带领教师进行了一次心灵之旅，对新踏上岗位的新教师来说，同样启迪深远。

4.《影响教师一生的100个好习惯》

宋运来主编，江苏人民出版社，2008年版。

■ 这本书通过100个好习惯的案例描述来讲述如何成为一名优秀教师，形成独有的教师文化。

三、适应幼儿园
——认识自己的工作场所

刚刚从象牙塔里走出的新教师，在踏上幼儿园工作这一道路之初，面对的是一个全新的环境。有需要精心培育和呵护的幼儿，有一起工作的领导和同事，有与幼儿园共育幼儿的家长，除此之外，还有支持幼儿教师工作的各种环境条件。这一切对于新教师来说，都显得陌生，需要在工作中有意识地去熟悉，以便为今后的工作铺石筑路。

（一）熟悉园内外环境

当你第一次迈进自己工作的幼儿园时，内心也许正被一大堆问题困扰着，由此，萌发出一种想仔细了解这片工作之地的想法。试着从以下几个方面去熟悉，也许对你有所帮助。

1. 认识自己的工作场所

哪些是与你日常工作密切相关的地方？哪些是你可以与他人交流的的休憩之所？清楚并熟悉它们，就意味着你在幼儿园里找到了工作的"家"。

（1）幼儿的活动天地

教师在幼儿园内与幼儿相处的时间最长，幼儿的活动天地也就是教师主要的工作场所。因此，对于幼儿一日活动场所的相关信息，教师要铭记于心。试一试带着以下这张提醒卡去了解幼儿的活动场所，也许会对你的工作更有帮助。

了解什么？	注 意 要 点
1. 活动室的布局安排	▶ 活动室中各区角的安排位置及材料投放情况如何？ ▶ 玩具橱摆在哪里？玩具的摆放规律？ ▶ 幼儿桌椅要怎样安放？ ▶ 寝室、盥洗室与活动室相连还是隔开或单独设立？ ▶ 寝室中的床铺是什么样的？按什么规律排放？
2. 其他班级活动室安排	▶ 幼儿园其他各年龄班的活动室安排在哪些楼层？ ▶ 不同的年龄班级（如大中小或托班），其活动室在安排上有何特点区别？
3. 户外活动场地安排	▶ 沙水池、饲养角、种植区、大型玩具如何分布？ ▶ 各区域中可以投放什么材料？ ▶ 每个区域中幼儿可用场地有哪些？
4. 园内其他活动场所安排	▶ 幼儿园内除本班幼儿的活动室外，还有无其他供全园幼儿学习、游戏的活动场所？ ▶ 这些场所在什么地方？ ▶ 什么时间开放？ ▶ 对不同班级幼儿有什么特殊要求？ ▶ 这些场所中有哪些材料？

（2）自己的办公之地

有些幼儿园会为教师配备专门的办公室，让教师备课、做教具。弄清楚自己的办公室在哪里，一起办公的地方有哪些同事，以及办公之地离会议室、研讨室等与教师活动有关的场所有多远。除此之外，对其他各班级教师、园长、保育员、年级组长、财务人员等相关工作人员的办公地点也要做个了解，以方便日后联系。

很多新教师在进入幼儿园后，一心只关注于自己如何去提高教学水平，而对这些外在物质环境的认识则显得有所不足，以至于在工作中遇到问题时手忙脚乱。试试在工作之初，先花点工夫将自己工作场所中有关的物质环境了解清楚，让自己在一个熟知的环境中工作。

2. 走一走幼儿园周边环境

每所幼儿园都存有一定的文化积淀，这些积淀来源于园内教职工共同奋斗的结果，也来源于园所所处的周边环境的影响。因此，试着去了解自己所在幼儿园周边的环境或文化，有利于你对本园教育工作的理解，对社区内可利用的教育资源的熟悉，也有利于你掌握本班幼儿相应的家庭教育背景等信息，为教育活动的顺利展开铺平道路。对于周边环境，可以试着从以下这些方面去了解：

- 园所是处于城市闹市区，还是偏远的郊区，抑或是农村？
- 园所周边居住的人群结构如何？
- 周边物质及人文环境如何？

■ 周边有哪些可利用的自然资源与人文资源?

幼儿园所蕴含的文化积淀一定程度上打上了周边环境的烙印,园内的课程特色、管理特色、幼儿特点、家长工作等各方面都或多或少地受其影响。例如:

上海市某幼儿园地处领馆区,其周围所住人群很多来自异国,有着不同的文化、不同的教育理念、不同的语言要求。因此,该园以开放、多元、融合的办园理念,根据不同文化、不同年龄、不同语言孩子的特点来设置园本课程,通过师生互动将多元文化融合在幼儿的生活、交往、游戏和学习之中。同时,为融合不同国家的不同教育理念,该园进行了家长参与幼儿园管理的尝试,初步形成了家长参与幼儿园园务管理和家园共育的合作机制。

（二）了解园所文化传承

每所幼儿园的发展都承载了一定的历史，蕴含了幼儿园一路走来所秉承的教育和课程管理理念。幼儿园教育改革发展经历的每一次历史转折，在转折过程中教职工一同努力做出的工作，以及在此基础上所产生的园本课程及管理特色等信息，都值得新教师去认真研读，从中了解本园发展的现实特点及趋势。

1. 园所发展经历

测一测自己，是否已经了解所在幼儿园的发展经历，例如：

■ 幼儿园什么时候成立的，又是在什么背景条件下发展起来的？

■ 在发展过程中发生过哪些变革，可能是在教育上做出的变革，也可能是在管理制度上做出的变革？

■ 为什么要提出这些变革，变革的结果如何，这些变革的成果又是如何推动幼儿园发展的？

2. 课程特色

随着教育改革的不断推进，很多幼儿园在遵照国家基础课程要求的基础上，结合本园已有课程发展历史及现实条件，探索出自己幼儿园的课程特色。以下简单介绍几个特色课程，以便新教师对特色课程有初步的了解。

（1）园所课程特色一：以艺术教育为特色的课程

```
              以艺术教育为特色的课程
        ┌──────────────┼──────────────┐
    保教基础课        艺术拓展课        兴趣拓展课
    ┌──┼──┐      ┌──┬──┬──┐    ┌──┬──┬──┬──┬──┐
   共  探  表    乐  美  形  文   分  思  英  围  电
   同  索  现    器  术  体  学   享  维  语  棋  脑  ……
   生  世  表    弹  创  舞  欣   阅  训  口  书  游
   活  界  达    奏  意  蹈  赏   读  练  语  法  戏
```

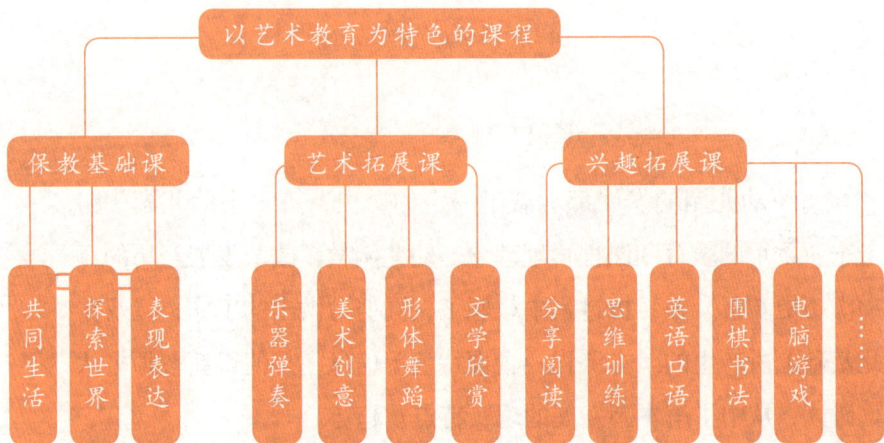

　　某幼儿园以艺术教育为特色，在基础课程之外，设置了包括器乐、美术、舞蹈等在内的拓展课程以丰富整个园所的课程设置。

　　（2）园所课程特色二：以科技教育为特色的课程

　　以科技为特色的某幼儿园在课程上的设置体系如下图所示，教师有意识地将科学教育渗透于幼儿的一日活动之中。

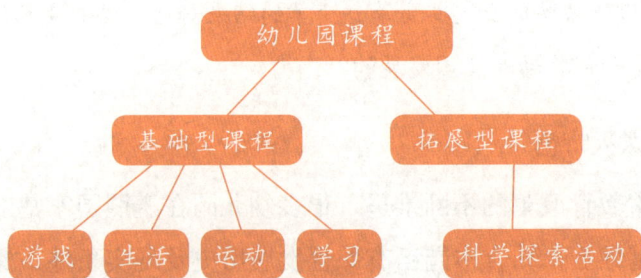

```
                幼儿园课程
        ┌──────────────┴──────────────┐
    基础型课程                      拓展型课程
  ┌──┬──┬──┬──┐                      │
 游戏 生活 运动 学习              科学探索活动
```

　　（3）园所课程特色三：早期阅读课程

　　某幼儿园将对早期阅读课题进行的研究发展为早期阅读课程，并以"图书、媒体阅读、生活体验阅读、艺术表演阅读"等

```
  ┌─────────┐              ┌─────────┐
  │ 图书阅读 │              │ 媒体阅读 │
  └─────────┘              └─────────┘
        ＼                 ／
         ┌──────────┐
         │ 早期阅读  │
         └──────────┘
        ／                 ＼
  ┌───────────┐          ┌─────────────┐
  │艺术表演阅读│          │ 生活体验阅读 │
  └───────────┘          └─────────────┘
```

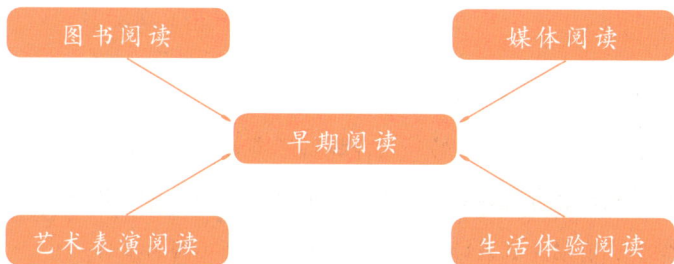

活动类型，贯穿于幼儿的游戏、学习、生活之中。

　　一所幼儿园课程特色的形成与发展过程中也承载着教师的专业发展方向，即教师与课程发展同在。因此，了解本园的课程特点，有助于新教师在初入职后更好地定位自己的发展，更有目的地去学习和研究，以便在自己的专业发展道路上走得更顺。

你知道吗？

　　幼儿园环境有广义和狭义之分，广义的幼儿园环境是指幼儿园教育赖以进行的一切条件的总和。它包括幼儿园内部小环境，又包括园外的家庭、社会、自然、文化等大环境。狭义的幼儿园环境是指在幼儿园中，对幼儿身心发展产生影响的物质与精神的要素的总和。只有把幼儿园小环境与社会大环境结合起来，才能真正反映社会的特点和要求。

　　　　　　　　　　　　　　——李季湄《幼儿教育学基础》

推荐书籍：

1. 中国幼儿教师网：www.yejs.com.cn

■ 此网站为广大的准幼儿教师或幼儿教师提供了丰富的教育资源，涉及理论研究成果、环境创设、专题讨论、玩教具制作等等，并附有一线教师鲜活的教育经验或案例，有助于新教师更快地认识和熟悉幼儿园的工作。

2. 上海学前教育网：www.age06.com

■ 这是一个立足上海，辐射全国的学前教育专业网站，呈现出上海市各区县幼儿园教育的发展及其早期教育前沿领域方面的相关研究。新教师可以了解一下自己工作所在的城市是否有这样的地域性、专业化的交流平台，从中可以迅速了解当地学前教育的政策法规、动态时讯，也可和当地同行分享与交流。

四、平衡幼儿园内人际关系
——和谐生存的第一法宝

在幼儿园内，除了和幼儿交往，新教师还需要和管理者以及其他教职工建立和维持稳定的人际关系，这些关系的建立可以成为你工作上的助推器，反之，则可能成为绊脚石。因此，如何处理好这些关系就成为一件非常重要的事情。

（一）从学生到教师的角色转换

刚刚从象牙塔里走出的新教师，心中满怀着梦想与激情，希望在幼教领域中开创出一片天地，这是他们的梦想。但在校园里习惯了时时有人来关心的新教师们，是否意识到自己已不再是一个遇事就找人帮忙的学生——上头有老师，身旁有同学，抑或还有身后的父母和朋友，而是一个肩负着工作责任的社会人。

1. 你意识到了吗

学校是一个单纯的学习场所，是积累知识和修炼自身的殿堂；幼儿园是你的工作之地，当然也是你的学习之地，但此学习非彼学习。

■ 在学校，你没有对他人成长的责任；而在幼儿园，无数个活泼可爱的孩子都将要在你的教育培养下健康快乐地成长，这需要你的一份责任。

■ 学校没有那么多业绩考核，只需自己认真完成课上要求，其他没有硬性规定，选择学或不学，那是自己的事情；在幼儿园，你需要面对很多考核，为了眼前孩子的发展，你需要负起这份责任，去不断充实自己，修炼自身，通过自己的教育教学或行为示范去影响那些天真可爱的孩子们。

■ 学校是一个关系较简单的地方，因为大家只是同学；工作之地，你要面对的人千姿百态，需要你用心去对待，以营造一个和谐的人际关系。

■ 在学校遇到问题，有你的老师、同学、朋友，抑或是你家人的帮助和关心；在幼儿园，孩子需要你的帮助和关心，同事也需要你的配合和支持。

2. 你准备好了吗

■ 心里暗想着："我真的长大了，能够承担起对他人的责任。能够真正成为对社会有用的人，我很开心，因为那是我一直的梦。"

■ 向自己提问："我为什么会感到焦虑、紧张？我能找出其中的原因吗？有什么切实的方法可以帮助自己恢复正常状态？如果继续焦虑、紧张下去，工作效率和个人健康是否会受到影响？"

■ 付出行动：调动自己的智慧，以冷静的心态去寻找途径解决工作中遇到的问题。

■ 相信自己：每个人都会遇到困难，这些困难都是一时的，总会有解决的方法。相信自己有能力去解决，只要自己愿意。

■ 换个角度思考：遇到问题了，说明自己在这方面还存在不足之处，解决问题的过程就是自己增长见识的过程，何乐不为呢！下次碰到同样的问题，就能迎刃而解了。

■ 给自己定个目标：工作1～2两年内要做些什么，在哪些方面去发展自己；当工作熟悉后，又要从哪些方面去发展。这样心中有目标，心态也就更趋平稳了。

■ 踏实工作：每个人在社会上都有一个相应的位置，工作中踏踏实实做好本职工作，做好眼前的每一件事。人说"幼儿园之事无小事"，那么，幼儿教师所从之事也就无小事了。

■ 给自己充电：自信是工作的原动力，但无基础的自信只能是自满；因此在工作之中多请教他人，在工作之余多修炼自身。由"腹有诗书气自华"真正转变为实践中"事到手中便得解"的状态。

（二）在幼儿园人际环境中生存

作为一名新教师，你可能要花费大量的时间来与幼儿相处，

与他们的家长相处。但是事实上，不要忘记非常重要的一点，你还要花一些时间来建立自己与幼儿园行政管理人员和其他部门教师的稳定关系，因为有了这些人的帮助，你可以更自如地开展工作。

1. 与管理层的交往

虽然努力建立和每个人的友好关系是重要的，但是你需要认识到有一些人能更直接地帮助你开展工作。因此，你需要花些时间了解如何与他们交往。

（1）与园长、副园长（或书记）的交往

园长与副园长是最有可能影响你工作是否顺利的人，与其相处要牢记：对领导要尊敬，不要急于表现，要做到踏实工作。

新教师刚进入岗位，都希望自己能尽快受到领导的肯定和赏识。作为一名新入职的教师，你要对领导尊重，工作上要积极、踏实，以自己积极踏实的工作作风去赢得领导的认可，切忌以逢迎巴结的方式去亲近领导。当你过分亲近逢迎领导的时候，你就已经失去了很多同事。

另外，园长、副园长也是幼儿园中工作最繁忙的人，所以不要过多地干扰他们，只要努力工作即可。

（2）与教研组长、保教主任或年级组长的交往

教研组长与保教主任是对你工作支持更为直接的人，如果与其建立起良好的关系，你的请求很可能会得到快速回应。与其交往时可以从以下几个方面入手：

■ 踏实工作、任劳任怨。一般教研组长或是年级组长比较喜欢那些踏踏实实工作的教师，任劳任怨，钻研教学，可以给她们留下一个良好的印象。

■ 不抢风头去做不属于自己的工作。也许你想"助人为乐"，但领导们并不一定认可。因此，在做事前最好自问一下："该不该做？能不能做？"在工作中尽自己最大努力做好领导交代的事，做领导强有力的助手。

2. 与共事教师的交往

新教师在入职初期，园长都会为你选择好搭班老师或者带教师傅，他们可能与你趣味相投，一见如故，也可能因性格不合而很难相处。面对这些人，你可以不必屈从他们的意见或强迫自己成为他们的朋友，但是你应该尽最大的可能表现出友善，如果你以积极的态度去面对这些人，你工作时的心情会更加愉悦。

（1）与老教师交往

■ 虚心接受老教师主动的帮助。

老教师最重要的财富就是经验，老教师拥有多年丰富的经验，是你可以交往的第一人选。与他们交往的时候，谦虚是每个新教师必须做到的，新教师要做到虚心向他人请教，虚心对待别人的意见和建议。刚入幼儿园时，一些教师会非常热心地来帮助你，特别是那些资深的老教师，虽然你的学历可能更高，思想可能更前卫，观念可能更新潮，方法可能更灵活，但

毕竟在教育教学实践上还得从头开始，接受他们的帮助会使你的工作更轻松，你还可以从他们的建议中发现帮助你成为一名好教师的方法。所以，新教师一定要克服自恃才高，也要克服为了恭敬谦虚而刻意逢迎。作为新教师，你只需要认认真真工作，踏踏实实为人，千万不要为了尽快取得同事的欢迎，而刻意改变自己去适应别人。

■ 避免受到老教师消极情绪的影响。

当你带着疑问和困惑去询问老教师问题时，你还必须用到自己的判断和常识。极少数的资深教师或是将要退休的老教师可能不会参与学校的一些事务，他们"保守、消极"的工作态度可能会让你陷入到过量的工作之中。尽量避免因老教师的消极情绪而使你在第一年就陷入过多的工作之中，但完全避开也会让你的上级领导对你有一些错误的看法。所以不要主动承担某些责任，用你自己的判断和他人的意见，来选择会对你有所回报的工作。请记住，新教师不要去抢着做不属于自己的工作。

（2）与不同性格的老师交往

■ 热情型的教师富有激情和冲劲，是你需要花时间交往的重要人物。

新教师刚到一个幼儿园，难免对新同事有一种陌生感和距离感，刚毕业参加工作的新教师，有的还有一种初入社会的畏怯感。于是，不敢主动大胆地和同事们交往，这样很不利于自己融入幼儿园这个大集体，也不利于同事了解你，认可你。为了更快地融入到这个新环境中，你可以先同那种热情兴奋型的教师交往，因为这些教师往往开朗、热情，在幼儿园有很好的人际环境，他们做事积极而有效率，对工作认真、有活力。她们通常是幼儿园内的骨干，得到领导的肯定并承担着许多重要工作。你可以主动利用各种工作、生活和休闲的机会与他们交往，融入她们的圈子。也许你会成长得更快，获得更多学习和展示的机会。他们积极的态度会让你学会怎样能尽快被他人和幼儿园所接纳，但同时切忌让自己陷入过多的无法掌握的工作之中。

■ 敬业务实的教师是非常值得你去结识的。

敬业务实的教师可能不如热情型的教师有那么广泛的人际关系，他们可能只关注自己的工作，正是因为他们对自己的工作很投入，你会从他们身上学到如何为幼儿提供适合的教育。与这类敬业型教师交往，你要让他们看到你积极、踏实的工作作风，以此赢得他们的认可。与他们交往要保持单纯的心态，少存城府，心地坦率，以简单诚挚的心态去面对。但同时要注意保持适当的距离，尊重他人的习惯、爱好和秘密。

■ 不合格的教师是你要尽量避免接触的。

不合格的教师有可能是你教学生涯根本碰不到的，但如果不小心遇到了，你要特别注意，不要卷入与其他教师讨论他的事情，避免与他产生关系，更应避免这类教师不合格的工作态度影响到你。

3. 与其他人员的交往

（1）与保育员交往

幼儿园中的另一重要群体是保育员，每个班级都有保育员辅助你照顾幼儿的生活和清洁环境。幼儿园教育是保育与教育的有机结合，只有实施保教工作的教师和保育员共同努力，才能促进幼儿和谐健康的发展。

要克服"重教轻保"和"教师为主，保育员为辅"的自我中心思想，才能与保育员分工合作、默契配合，也才能真正做到保中有教、教中有保。通常，保育员的年龄会比较大一些，而且在学历上也不太高。但是他们吃苦耐劳，而且有着丰富的育儿经验，如果相处得好，配合得当，就会使你的工作如虎添翼，在促进幼儿发展的同时，使自身也得到成长。当孩子尿湿裤子，或者吃饭时呕吐，身旁的保育员一定会有好办法来处理。这时的你，不应该只是旁观，而是一起搭把手，让保育员感到这个小青年教师对他们的尊重。和保育员相比，新教师当然也有很多长处，特别是在学前教育理论知识方面。不失时机地、潜移默化地和保育员交流，使他们把保育工作做得更好，这样也会使彼此有更好的交流话题。

（2）与其他职员的交往

要与保管员、媒体中心人员、电脑室人员保持良好的关系。首先这些人员也是幼儿园中不可或缺的重要成员，他们可以给你许多引导和帮助，与他们合作友好，你在以后的工作中就会有更多的回旋余地，会得到很多支持。比如：与媒体中心人员保持良好的关系，你会很容易在紧要关头时得到所需的物品；如果有一个临时开课的任务，你可以从保管员那里得到及时的资料，不需要你再费时间去找寻。但是建立关系的目的不应该只是想得到特殊的好处，你所建立的关系会为你带来终身的职业支持和私人的友谊。

（三）更快融入幼儿园生活

1. 服从管理

当你开始一个新工作的时候，你首先应该了解的事情之一就是你的管理体系。虽然幼儿园是园长负责制，但这并不意味着你的直接领导就是园长，你必须知道你的直接领导是谁，还要找出此人的直接领导，如此等等直至园长。只有知道了这些管理体系，你才能够在有问题或出麻烦的时候知道与谁商量，避免越级解决而产生的一系列问题。对于幼儿园的任何事情，领导的意见和决策大多是经过全盘考虑和深思熟虑的。一般情况下，这些意见和决策是正确的，作为新教师应该按照这些正确的意见和决策去做。要尊重领导的职权，必须按职责规定办事，不能越职代权，更不能越级通报问题。例如，你在教学或是幼儿生活中遇到问题，应该先向你的教研（年级）组长寻求帮助，而不是越过教研（年级）组长，直接向园长报告。因为，幼儿园虽小，也有着自己的管理体制。另一方面，你的这

些问题可能也不是严重的问题，园长没有时间去一一解决，最后还是会交给你的直接上级去解决，这样不利于你与直接上级保持一个良好的关系。

因此，新教师要了解自己所在园所有怎样的组织运行系统，组织中的工作人员有哪些，分别负责什么工作，各部门人员如何分工合作等信息。以下两则幼儿园管理体制可供新教师作为参考：

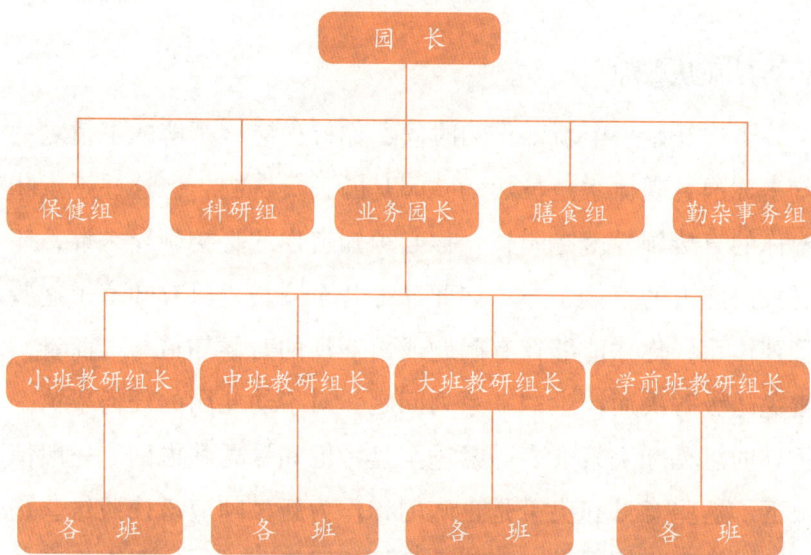

幼儿园管理模式一

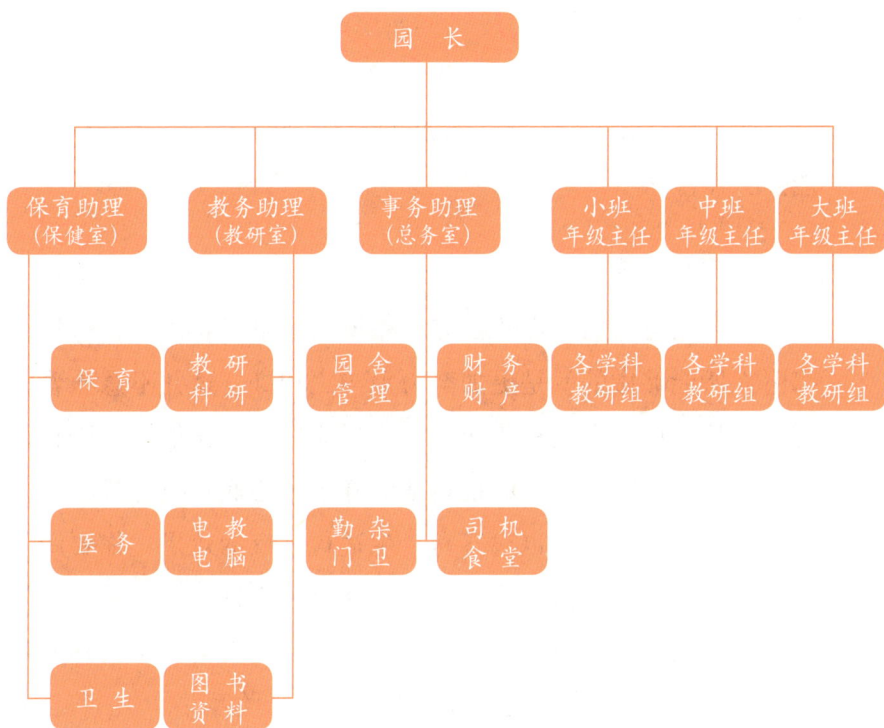

幼儿园管理模式二

2. 避免流言

　　幼儿园有时会有一些闲言碎语，你也会身处其中。作为新教师，你要避免说他人闲话、卷入事非、参与小圈子等一类的事情。幼儿园的教职工中，年龄有老中青之别，学历、职务有高低之分，但人格平等，所以对于大家应一视同仁，把每一个同事都当作朋友。面对别人跟你说的闲话，你可以做到"倾听，微笑，

然后离开"。不需要在其他老师面前说"请别在我面前说闲话"这类的话，只需要倾听别人的话而不发表任何言论即可，更不要将闲话传给别人。要记住，作为新教师，哪怕只是只言片语也可能会引起麻烦。

3. 改善自身

你可能会遇到与你性格完全相反的同事或者领导，这种情况下你所能够做的就是更加努力地与之相处。这并不意味着你应该屈从，你不必刻意改变自己去适应别人，比如在言语和行为上故意迎合同事，装成很热情的样子，心底却很冷淡等等，这样是没有必要的，也很容易产生适得其反的效果。你要做的或许只是收敛你的傲慢，与他们建立一种良好的工作关系。作为一名新教师，只要你以一种积极的态度去接近每个人和面对每种情况，你就能很好地建立起和谐的人际关系。

职场中如何与人和睦相处

1. 给自己的嘴巴安上一把锁，不要试图讲出全部的想法。培养低调和富有感染力的言谈。说话的方式比内容更为重要。

2. 少作承诺，并保证它们的信誉。一旦作出承诺，无论付出多大代价都要履行。

3. 永远不要错过赞赏和鼓励别人的机会。不论是谁做出漂亮的工作，都给予称赞。如果需要提出意见，请以一种帮助的态度，而不是鄙夷的态度。

4. 关心别人的需要、工作、家庭和家人。与快乐的人一起快乐;与悲伤的人一起悲伤。让每一个与你交往的人，不论多么卑微，都能感觉到你对他的重视。

5. 做一个快乐的人。不要将自己不值一提的伤痛和失望传染给周围的人。请记住，每个人都承担着某些压力。

6. 保持开放的心态。讨论但不要争论，即使不赞同，也不愤忿，这是内心成熟的标志。

7. 让你的美德来说话。拒绝谈论别人的短处，不要传播谣言。这些将浪费你宝贵的时间，并会极大地破坏你的人际关系。

8. 谨慎地对待别人的情感。挪揄和幽默不能以伤害别人为代价，尤其当你认为可能性很小的时候。

9. 无须担心关于你的流言。请记住，散播流言的人并非世界上最准确的报道员。以不变应万变。紧张不安加上坏心眼一般是背后议人是非的原因。

10. 别太着急属于自己的信誉，将你自己做到最好，并要有耐心。忘记你自己，让别人来"记住"你。这样的成功更令人愉悦。

推荐书籍：

1.《教师人际关系培养——教育者指南》

（美）盖兹达等著，吴艳艳、杜蕾、陈伟嘉译，中国轻工业出版社，2006年版。

■ 本书向广大教师详述了如何运用共情、尊重、热情、具体、真诚、自我坦白、对质和直接这八种交流技能，处理好与学生、学生家长、同事以及公众的关系。

2.《教师一定要知道的99个健康细节》

祝墉珠、陈兴杰主编，华东师范大学出版社，2009年版。

■ 本书包含教师一定要知道的15个疾病健康细节、12个养生健康细节、11个交往健康细节、13个运动健康细节、7个环境健康细节。

3.《30天精通社交心理学》

梁素娟、杨英编著，石油工业出版社，2009年版。

■ 人与人的交往就是心与心的碰撞，心理学在人际交往中具有十分重要的作用。掌握一些心理学知识，会让你明白很多社交现象背后深层次的心理动因。

第二章

初进幼儿园

一、与幼儿交往

——生活在孩子中间

刚刚进入新的环境里，新教师要尽快与幼儿熟悉起来。面对着班级里几十个可爱的孩子，你准备好如何去和他们交往了么？用以下的几个方法试试，你会发现与孩子交往的窍门。

（一）主动了解幼儿

首先，细心了解幼儿的一般年龄特点。因为各年龄段的幼儿差异是非常明显的。你要清楚你所带班级的幼儿大体是一个什么水平，以便能基本判断班级中哪些幼儿发展比较成熟，哪些幼儿需要特别关注。

其次，尽快掌握个别幼儿的特殊需要。班级里每个幼儿的性格与发展水平都有所不同，要关注每个幼儿的不同个性和需要。试试按照以下要点来观察幼儿，也许你会更快地了解他们。

策略	要　点	举　例
看	在日常活动中观察个别幼儿的行为表现，将幼儿的性格特征及行为表现，看在眼里，记在心里。	了解哪些幼儿喜欢说、能说、也敢说，哪些幼儿不太爱说话，有些怕生，较为内向。观察幼儿的表情，了解他们的情绪。
听	耐心地倾听幼儿的声音，了解幼儿的真实想法，满足幼儿的情感需要。	"平时爱说话的胖胖今天怎么不说话呢？""雯雯老师，安安打我！"胖胖为什么不说话，是今天幼儿身体不舒服了，还是家里出什么问题了，你只有上前询问清楚，才能摸清状况。安安为什么打人，让他讲讲理由，才能理清事情的前因后果。
说	平时和幼儿们多聊聊，多问幼儿们几个问题，在日常谈话中了解幼儿的性格特点。	"今天早饭吃什么了？""暑假去哪儿玩了？""和谁去的呢？""有什么开心的事情要告诉老师啊？"
记	做点案头工作，及时记录幼儿的一些行为、语言或一些特殊事件，以便更好地分析他们的特点。	在家长接送幼儿或电话交谈时，向家长了解幼儿的兴趣爱好。准备好一本记录幼儿信息的小册子，在对应名字后的备注栏中记下这些信息，平时有时间就浏览浏览。
做	开展一些有针对性的小活动，或者以同伴的身份加入到幼儿的活动当中，从幼儿的反应以及与幼儿的互动中，了解他们的特点。	中大班可开展"介绍我自己"的活动，让幼儿主动展示自己；以玩伴的身份加入到幼儿的游戏当中，与幼儿尽快熟悉起来。

（二）让幼儿喜欢上你

幼儿愿意与教师交往的第一要素是他喜欢你，为了让幼儿能尽快地喜欢上你，可以尝试以下办法：

■ 尽量在短时间内记住幼儿的名字。可以在工作之余，拿出班级幼儿花名册，耐心地去记忆每一个姓名。幼儿喜欢叫得出他们姓名的教师，这样你在幼儿中间会更有亲和力。

■ 衣着整洁大方，发型简单，可稍作化妆，让自己在幼儿面前显得既漂亮又大方，给幼儿一个良好的"视觉印象"。

■ 说话声音轻柔，表情和善，态度和蔼，开口常笑。要对幼儿经常保持微笑，让幼儿时刻感受到你对他们的爱，使他们得到温暖，感到亲切，这样他们才会接近你，喜欢你。

■ 用行动向幼儿传达自己的尊重与爱意。蹲下身来跟幼儿说话，与幼儿平视，经常做一些爱抚动作，如拍拍他的头，拥抱一下他们。经常对幼儿说一些鼓励的话，让幼儿时刻感受到你是他的支持者，他才会越来越喜欢你。

■ 掌握幼儿的一些基本情况，关注幼儿喜欢的事情。经常与幼儿聊聊他感兴趣的话题，如动画片里的角色、喜欢看的图画书，爱玩的游戏以及家里发生的事情。与幼儿共同话题的探讨，将会大大缩短你和幼儿们之间的距离，增强你在他们心目中的魅力。

■ 练习一些幼儿喜欢的"本事"，如讲故事、画画、跳舞

等，时常向幼儿秀一下自己的绝技，幼儿一定会更喜欢你。

（三）与幼儿交谈

与幼儿交谈是有技巧和方法的，你尝试过这些方法吗？

■ 与幼儿交谈前，将自己成人化的语言转化成幼儿可接受的语言，做到"三思而后说"。为了做到这一点，可以多看看幼儿喜欢看的动画片，听听里边的话是怎么说的。还可以多听听幼儿之间的对话，多一些实践经验。

■ 与幼儿交谈时，顾及幼儿的接受程度，保证发音准确，语调舒缓有致，语速不过快或过慢。在与幼儿交谈时，语气要尽量柔和，要多使用疑问句、感叹句，还有"呀"、"啊"、"呢"、"啦"等语气词，以渲染情绪，让幼儿更易理解。可以用录音设备录下来自己与幼儿的对话，听听自己说话时的语气、语调、语速是否合适。

■ 与幼儿交谈时表情大方，用商量式的口吻与幼儿谈话。谈话时尽量做到脸带微笑，主动热情，让幼儿感觉你很容易亲近。如"美美，今天我们俩打过招呼了吗？……哦，还没有啊，那我先开始了啊，'美美你早啊'"，"明明，你能帮老师个忙吗，谢谢你啊!"

■ 与幼儿交谈时不要只顾自己说，看看幼儿的神情、反应和情绪，判断一下幼儿是否想说，是否愿意说。在交谈中特意留有一些停顿，给幼儿一些准备的时间，便于他更

好地参与交谈。

■ 用丰富的语言内容与幼儿交谈，不要只说一个词语表达自己的感受。如有的教师用"真高兴"来表达积极的情绪，结果一节课说了三十几个"真高兴"，让幼儿感到乏味。所以，平时要多阅读、多倾听，丰富自己的语言内容。第一要多看好看的文章——美文，即多阅读；第二多听好听的话——优质讲座，即多倾听。

（四）偏爱与"偏爱"

当你面对着几十个各不相同的幼儿时，难免带有一点个人的喜好。你需要做到的是不带着强烈的感情色彩与幼儿交往，从心底里尊重每一个幼儿，爱每一个幼儿。但是，每一个幼儿的个性特点又是不一样的，在与不同的幼儿打交道的过程中，你还要对个别幼儿有所"偏爱"，以他能接受的方式与他交往。

■ 热诚地面对每一个幼儿，对所有幼儿说话的语气、表情、动作，要保持基本一致。除非幼儿主动要求，不主动亲吻某一个幼儿，以免冷落其他幼儿。

■ 坚持尊重而不放纵的教育观点与教育方式，在常规面前人人平等，表扬和批评对事不对人，有针对性地引导。不要因为某个孩子一向表现好，在他犯点小错误时就姑息纵容，教师要一视同仁，让每个孩子都学会明辨是非对错。同样，对班上一些比较淘气或者害羞的孩子，教师也要发现他们身上

的闪光点，哪怕只是一个小小的进步，也要给予最真诚的鼓励和赞美，让每一个孩子从小都拥有自信的心态。

■ 对一些特别的孩子要格外关注，多了解他们的性格特质，选择不同的语言方式与他聊天，请他做游戏，帮助他尽快适应幼儿园的集体生活。如对待胆小害羞的孩子，你要经常鼓励他，哪怕是一件很小的事情。"美美今天真棒，玩具收得又快又好，老师真喜欢你呀！"另外，选择不同的时间和孩子说"悄悄话"，如对班上极害羞内敛孩子，可以在午睡帮他垫被子时，说几句话，和他有一个简短的交流。

（五）当幼儿听不懂或是"不听话"时

1. 辨别原因

有时候幼儿对你所说的话没有反应，或者没有按照你的话来行动，你可能会认为幼儿没有听懂，或者幼儿"不听话"，先别着急，分析一下幼儿这么做的原因吧，也许：

■ 他真的没听到你的话。

■ 他不理解你讲的话。

■ 他专注于自己的事，所以"听而不闻"。

■ 他不愿意执行你的"命令"，装作没听到。

2. 尝试改变

新教师可以试一试一下方法让幼儿"听懂"你的话：

■ 改变说话时的姿势和距离。尽可能地靠近幼儿，叫他的姓名并保持目光接触，让幼儿注意到你的存在。

■ 思考自己说话的内容并适当调整，改变或选择另一种说法，让幼儿更清晰明了。可以尝试站在幼儿的角度来换个说法，比如说你想让幼儿吃饭的时候保持安静，可以试着说："吃饭的时候保持安静，会有助于小朋友们的肠胃消化。"从幼儿的角度来说明问题，会让幼儿更易理解。

■ 调整说话的语气。用平和而坚定的语气传达简单而又明确的信息，声音不要过高，高声会让幼儿产生抵触情绪，要巧妙地让幼儿从你的音量与语气中听出你对此事的态度。

■ 给予幼儿一定的缓冲时间，比如"你可以再玩5分钟，结束后就要把玩具收起来了"，让幼儿心里有准备，有一段缓冲的时间。

■ 必要时用某种方法来支持自己的话语。比如幼儿拖延做一些事情时，给予一定的限制行为措施，如暂停幼儿的一些活动让他先把之前的事情做完等。

■ 对不同年龄的幼儿采用不同的说话方式。对托小班幼儿可以用情境化的语言，如用"小乌龟慢慢爬"、"小猫上楼轻轻走"这类语言提示幼儿上楼时要慢一些和轻一些。

（六）关注幼儿的特殊需要

保育和教育相结合是幼儿园的工作任务，面对着成长发育中的幼儿，教师要关注幼儿的特殊成长需要。哪些幼儿身体一向比较弱，生理上需特殊照顾（生病、残障等）；哪些幼儿的家庭状况比较特殊，需要格外关注幼儿在园的表现；今天有哪些幼儿身体不舒服了，需要特殊照顾等等。

究竟应该如何去了解这些信息呢？看看以下做法，或许对你有所帮助：

■ 需求登记要备好。准备好一本幼儿特殊需求登记簿，在家长送孩子来园时，记录下家长的特别嘱咐，"今天明明身体不太舒服，昨天夜里拉肚子，所以精神状态不太好。记得要多关注一下。"

■ 交流工作需做好。针对班级一些特殊幼儿，如身体一向比较弱、不和其他幼儿交往等现象。在自己的工作之余，你可以电话个别与家长交流，也可以通过网上QQ、MSN、邮箱等在线交流，在自己还不能独自进行家访之前，可以和搭班教师约一个共同的时间去幼儿家里做家访，深入了解幼儿的信息。

你知道吗？

　　我决心使我的孩子们在一天中没有一分钟不从我的面部和我的嘴唇知道我的心是他们的，他们的幸福就是我的幸福，他们的欢乐就是我的欢乐……我一切为了孩子。从早到晚，我一个人和他们在一起，是我的双手，供给他们身体和心灵的一切需要。他们都是直接从我这里得到必要的帮助、安慰和教学。他们的双手被我握着，我的眼睛凝视着他们的眼睛。我们一同哭泣，一同欢笑。

——裴丝泰洛齐

推荐书籍：

1. 《优秀幼儿教师教育艺术99例》

陈泽铭、王先达主编，华东师范大学出版社，2011年版。

■ 99个教育案例反映了每一个优秀教师的成长过程和教育智慧，有启示、有感悟，也有经验和教训，带给新教师原汁原味的精神大餐。

2. 《老师，你在听吗？——幼儿教育活动中的师幼对话》

（美）波曼著，轻工业出版社，2010年版。

■ 本书介绍了倾听儿童，与儿童进行言语互动所需的一系列知识技能，包括科学的儿童观，把握对话时机、创设对话环境的策略，以及促进、收集、解读和应用对话的技能与技巧。。

3. 《幼儿教师适宜行为研究》

朱小娟主编，教育科学出版社，2008年版。

■ 这本书提供了大量具有实践启发意义的研究案例和针对教师专业发展中遇到的具体问题的解决策略。尤其是为教师们提供了"幼儿教师适宜行为指导手册"，可供新教师在工作中参考使用。

4. 《儿童心理魔法书》

王秀圆著，华东师范大学出版社，2006年版。

■ 本书从侵略性的行为、情绪、人际关系、不良生活习惯、学校生活等方面，全面透视儿童成长过程中所可能预见的种种问题，新教师可以把它当成是一本工具书，全面细致地了解孩子。

二、家长工作
——幼儿园工作的重要一环

当你环顾班级里的孩子，可曾想到他们每个人身后都有深爱他们的家长或监护人。作为一名幼儿教师，除了与孩子相处之外，还会花费很多时间与家长打交道，家长工作的成功与否，是你整个工作开展顺利与否的关键之一。

（一）不可避免的家长工作

先做一道计算题吧，每天在早晚接送时间与家长沟通各花费0.5小时，每周的家庭联系册书写和家园联系栏设计花费1.5小时，开放日一天（6小时计），家长会每月一次（每次2小时计），家访或面谈每学期1～2次（每次2小时计），其他快速沟通方式为每周花费1小时计。

- 每天与家长沟通所花费的时间平均为1小时。
- 每周与家长沟通所花费的时间平均为7小时。
- 每月与家长沟通所花费的时间平均为32小时。
- 每学期与家长沟通所花费的时间平均为170小时。

一个学期6个月，180天，其中与家长沟通所花费的时间占到工作时间的12%，因此家长工作是教师工作的重要内容，所以即使害怕和家长交流，也必须跨过这一道坎。以下是与家长交流中需要注意的内容，供新教师参考。

渠 道	特 点	涉 及 内 容
接送时间	短暂的一般交流。	▶ 入园：交流幼儿前一日在家表现，特别记住身体有异常的幼儿家长的要求，聆听家长告知的注意事项(尤其是放假归来、换季、周一等日子)。 ▶ 离园：交流幼儿当日在园情况，并关照明日来园的一些事项。
家园联系册	间接的个别交流。	▶ 反映幼儿在幼儿园的一些情况和表现。 ▶ 和家长共同讨论一些问题。 ＊ 教师要尽可能鼓励家长关注并认真填写联系册。
家园联系栏(家园之窗)	展示、提醒、分享。	▶ 提供当天和一周的活动安排，请家长参与幼儿园活动，或告之需家园共同合作的内容。 ▶ 提供一些有关幼儿成长和家教方面的文章。 ＊ 教师要引导家长养成看家园联系栏的习惯。
开放日	全面、直观了解幼儿园教养活动和幼儿在园表现。	▶ 家长可以了解到幼儿园各项教养活动、保教人员的风格。 ▶ 家长可以观察到幼儿在园的各种表现，了解幼儿的成长、发展和学习。

（续表）

渠 道	特 点	涉 及 内 容
家长会	集中交流幼儿园或班级的共性问题。	▶ 交流某一阶段幼儿在园表现和这一阶段的保教重点。 ▶ 探讨幼儿教养方面的经验和困惑。
家访	接触幼儿家庭。	▶ 一般在学期开始之前，了解幼儿的家庭背景、父母对教育的期望、生活方面的注意事项等。也可以是探望生病住院或发生特殊状况的幼儿。
面谈	与家长的单独交流。	▶ 双方约定时间，就幼儿行为的某一现象作面对面的深入交流。
电话 （短信）		▶ 针对个别幼儿和家长使用的方法，尤其可以与不经常来园接送的家长通过电话保持联系。 ＊ 教师可以鼓励家长主动联系，但需要告诉家长不要在教师带班时间打电话。
网络 （博客／ 论坛／ 飞信／ 邮件等）		▶ 通过建立班级博客，家长可以直观地看到幼儿在园的情况，可以从教学内容、育儿方法以及幼儿在园的一些生活照片等方面和教师进行交流。

　　新教师往往会觉得家长"不信任"自己，更倾向与老教师作交流，如何在家长面前建立最初的信任感就显得非常重要，新

教师切忌以理论来与家长对话，那样更暴露了自己缺乏经验的弱点。试试更多地关注幼儿，和家长一起讨论幼儿的点滴表现，让家长真实地体会到你对幼儿的关注以及你的专业背景。

（二）关注家长的需要

家长对自己的孩子有多少期望，对教师就有多少要求，他们期望教师能为他们的孩子提供高质量的教育，期望教师能够公平地对待他们的孩子，期望教师能够尊重他们，至少让他们知道孩子的发展情况。

1. 倾听家长的需要

家长往往希望教师能够尊重和关心他们的要求，这其实是个很合理的要求。每一个家长都会以自己的方式希望孩子得到快乐，都希望能参与孩子的教育，在这一点上教师和家长并不是对立的，绝大多数情况下你们的目标是一致的，只是在教育方式上也许并不完全相同。教师首先要倾听家长的需要，切忌轻率、武断地对家长的教育期望和教育方式作出判断，即使在你看来家长的要求与正确的教育理念不太一致，也应该与家长一起商量讨论适宜的教育目标和教育方式，和家长一起努力会让你的工作更顺利，当然，这决不是一蹴而就的，需要你不断地付出努力。

2. 主动向家长告知孩子的状况

有些孩子的发展及其行为不存在明显问题，家长也很少过问。如果你在每天的接送时间用一两句话向家长反映孩子的点滴进步，例如，"今天咪咪学会了……""今天强强吃了两碗饭"等，往往可以看到家长会心的微笑。

有些孩子虽然在各领域的发展中不存在问题，但家长仍有许多的不放心。如果你在每天的接送时间聆听家长对孩子的特殊关照，记录下家长所说的注意点，并及时将孩子发生的点点滴滴向家长汇报，尤其是家长特别关注的问题。例如，"今天明明和小雨一起玩，明明不小心推了小雨一下，明明道歉后他们又一起玩了。"又或者"今天中午佳佳吃得比较少，下午吃点心的时候就让她多吃了块饼干"等。家长会感到他们的孩子在教师心中占有很重要的位置，继而更加放心。

3. 直面家长的不合理要求

绝大多数家长都认为教育对他们孩子的将来是非常重要的。然而，有些家长认为教师应该代替他们培养自己的孩子，或者希望教师完全按照他们的期望来培养孩子，即使有些期望在教师看来并不太合适。作为一名教师，必须清楚地认识到你并不能解决孩子成长中的所有问题，重要的是给自己定好位，并且尽你所能去做。除此之外，可以通过各种途径让家长明白自己的责任所在。

（三）从容面对不同的家长

沟通是一门艺术，俗话说，"一句话说得人笑，一句话说得

人跳"，意思是说，同样一句话由于表达方式不同，所收到的效果也不同。因此与家长交谈时，教师要注重沟通技巧。

1. 和祖辈沟通时，将话题围绕孩子的生活展开

在现代生活中，由于年轻的家长工作忙，许多祖辈家长承担了接送孩子的任务，成为了教师沟通交流的对象。祖辈家长有着与年轻家长不同的特点：他们更为宠爱孩子，关注琐碎的生活细节；他们经验丰富，但较为保守；他们喜爱唠叨，眼里常常只有自己的孩子。你可以在孩子入园和离园时热情地与他们打招呼，主动把孩子在幼儿园发生的事说给他们听，并尽量正面地评价他们的孩子。

2. 采用多种方式和不常见面的家长沟通

有不少家长的工作很忙，把接送孩子的事交给了保姆，你也许根本没有任何机会和这些孩子的家长聊聊。遇到这种情况，请通过其他方式和他们取得联系，如发送电子邮件、打电话、写家园联系册，甚至只是写张便条。你可以提醒和鼓励家长，十分欢迎他们在出现任何可能影响孩子或其家庭的特殊事件时主动和你联系。

3. 向家长反映孩子的行为问题时，必须十分谨慎

有时你不得不告诉家长你对他们的孩子有些担心，但是请务必小心谨慎，考虑周全后再与家长沟通，只有在你已经对这个孩子观察较长时间，同时又和其家长建立了相互信任之后，才可以向家长提出你的问题。尽量避免在公开场合或孩子在场的情况下

提出，可以单独面谈，谈话可以从详细描述一件真实发生的事情开始，不要加入过多的个人评论。请记住，你的工作并不止于向家长说出你发现的问题，关键是你必须给他们一些建议和专业指导。在谈话结束后的一两个星期，一定要和家长联系，看孩子是否有进步，是否还需要其他帮助。

沟通属于社会学和心理学范畴，只要和人有关的工作，都涉及到沟通技巧，新教师可以在书店里多多关注与此相关的书籍，从不同的领域学会说话的艺术。

（四）第一次开家长会

刚刚从学校毕业踏入社会的新教师，匆匆忙忙地度过了几个月，转眼就要开家长会了，第一次的家长会应该怎样开？

1. 先做个计划

因为是第一次开家长会，新教师难免会产生胆怯，感到无从入手。那么就先试试做个计划：

■ 想一想，最近班级中最需要和家长交代的事情是什么，和搭班教师一起商量，把这些事情一一写下来。

■ 比一比，在这么多的事情里，哪件或者哪几件事情是最突出和重要的。

■ 写一写，将家长会的流程写下来，帮助自己整理思路、准备材料。

　　家长会需要明确的主题，家长虽然经常会和教师见面，但常常是匆匆来、匆匆去，因此家长会就成了教师和家长沟通交流的绝好机会。但要切忌眉毛胡子一把抓，什么都放在家长会上说，围绕着一个主题来开家长会，才能把问题说清。

幼儿园家长会主题列表

　　■ 向家长介绍这个年龄段幼儿的特点，和家长一起努力帮助幼儿适应环境。（重点交流）

　　■ 向家长介绍这个学期班级的一些主要活动，4月的运动会、5月"我爱劳动"的综合活动、6月"六一"儿童节欢迎家长参与。（一般告之）

　　■ 向家长介绍本学期的课程安排，分析其背后的教育内涵。（重点交流）

　　■ 使家长了解幼儿成长记录册的填写情况，配合仔细填写。（一般告之）

　　■ 提醒家长入园离园的注意事项。（一般告之）

幼儿园家长会计划（本学期第一次）

班级：大一班

地点：大一班教室

日期和时间：××年××月××日下午5：00

参加人：全体幼儿家长

主持人：陈颖老师

目标：

1. 使家长了解本学习课程安排，请家长配合教育工作。

2. 使家长了解幼儿成长记录册的填写情况。

准备：

1. 布置家长会现场，准备家长签到表和笔。

2. 本班使用的幼儿成长记录册，以及以前班上完成的幼儿成长手册。

3. 本学期课程安排的资料。

过程：

1. 介绍本班幼儿的大致情况及年龄特点。

2. 介绍本学习课程安排。

3. 展示以前班上已完成的幼儿成长记录册，并向家长进行介绍，请家长注意收集孩子的作品，并且告诉家长应填写的部分及应注意的情况。

4.提醒家长注意事项：

（1）介绍幼儿入园证的使用，强调应坚持使用入园证。

（2）强调入园离园的时间，请家长不要过晚送幼儿入园或过早接幼儿离园。

（3）请家长在接送孩子时注意保持幼儿园的清洁，不随手扔东西，不随地吐痰，不在幼儿园吸烟。

2. 作充分准备

新教师第一次开家长会就好比第一次在园长、同行的面前进行公开活动，后者结果的好坏直接影响到园长、同行对你的评价和印象，而前者不仅影响到你在家长心目中的形象，更会影响到家长对你的信任和对你能力的评价。所以如果你害怕面对家长，紧张得不知道说什么，可以准备一份详细的会议发言稿。

尊敬的爸爸妈妈、爷爷奶奶们：

大家晚上好！

我叫赵春霞，我和王老师都是这个班级的老师，我刚从学校毕业不久，今天是我第一次主持家长会，如果有什么说得不对的地方，请大家给我指出，让我能够更快地进步。

同时非常感谢大家在百忙之中抽时间参加这次家长会，大家的参与让我们感受到了你们对我们工作的理解与支持，正是有了你们的信任、理解、支持，我们的工作才得以顺利地开展，希望大家在新学年、新学期，一如既往地支持我们的工作。

今天家长会的主要内容有：班级情况介绍；大班年龄段的教育目标；本学期的教育教学计划和内容；家园联系工作；其他一些希望家长注意的事情；欢迎大家提出合理化的建议或意见。

……

如果这样还没有足够的自信，害怕在开会时遗漏什么细节的话，可以在开会前把会议的内容慢慢地、有条理地试讲一遍，试讲的时候要注意用眼神和"听众"交流，这样可以显得更自信。如果想要内容更加生动和充实，可以和搭班教师商量一下，加入一些实际案例或者幼儿的童言童语。家长会那天，应该特意精心打扮一下，不让自己显得学生气过重，穿上比较正式的服装，化一些淡妆，让自己显得更精神。

3. 试试调动家长积极参与的方法

■ 可以用一些灵活的讨论形式充实家长会内容,例如在家长会刚开始时，播放幼儿在幼儿园活动的录像，吸引家长的注意力。也可以就录像中表现的现象，请家长作小组讨论，充分调动家长的参与积极性。

■ 可以用网络的形式开家长会。一般开家长会，时间有限，大

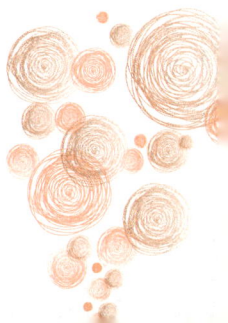

都是教师讲家长听，只能把共性的问题说一下，家长无法和老师畅快沟通，许多个性问题没时间，也不能在会上说。即使有家长说话的机会，有一些问题，也不好意思当众发表看法。网络家长会就可以解决这个问题，与传统家长会形式互为补充。

■ 还可以让家长更多地参与到家长会中。家长会不应只是单向交流的场所，打破教师说、家长记的固有模式，让家长参与主题的确定，给予家长更多的发言和交流的时间，也许不但能降低教师事前准备的负担，更能拉近教师和家长的距离。

你知道吗？

▶ 和家长发生分歧时，你可以试着这样说：

谢谢您对我们工作的关注，我们非常欣赏您这样直言不讳的家长，您的建议我们会考虑的。

您有这样的心情我很理解，等我们冷静下来再谈好吗？

▶ 回应家长的质疑时，你可以试着这样说：

谢谢您的提醒！我查查看，了解清楚了再给您答复。

您有什么想法，我们可以坐下来谈谈，都是为了孩子。

▶ 向家长反映孩子的问题时，你可以试着这样说：

苗苗最近上课注意力不太集中，并不是很严重，只是从上个月开始就有点迹象了。如果您有时间的话，我想和您详细聊一下，看最近她的身边是否发生了些事。

推荐书籍：

1.《给孩子教师的一把钥匙》

　　王化敏主编，教育科学出版社，2008年版。

　　■ 这本书通过一个个实例教会教师如何更好的去帮助家长转变教育观念，如何跟家长沟通使家园合作更有效。

2.《成长在路上——幼儿园新教师必读》

　　何桂香主编，农村出版社，2009年版。

　　■ 这本书涉及如何面对护短的家长、面对不配合的家长、面对家长的不合理要求、如何与隔代的幼儿家长沟通、如何处理幼儿受伤的情况等，如何使家长谅解等与家长工作息息相关的内容。

3.《谁误解了孩子的行为》

　　李跃儿著，广西科学技术出版社，2008年版。

　　■ 新教师往往困扰于家长不时提出的关于幼儿的种种生活问题，尤其是对那些尚没有孩子的教师来说，这更是一个难题。这本书从家长反映最多的幼儿日常生活现象入手，分析幼儿行为背后的原因，丰富新教师的经验。

4.《说话的魅力：刘墉沟通秘笈》

　　(美) 刘墉著，接力出版社，2009年版。

　　■ 沟通就是怎么能让别人听懂并接受你的话，说起来,沟通是很简单的事,但是,每个人都有固定的思维,沟通也就成了难题。这本书通过生活化的小故事和由浅入深的道理帮助新教师打破说话的固定思维。

三、班级环境
——孩子的第三位教师

作为一名幼儿教师，你一定已经了解班级的环境除了最基本的美化功能外，还是非常重要的教育资源。通过环境的创设和利用，可以有效地促进幼儿发展。所以，除了带班的两位教师，环境也对幼儿的身心发展起着不可替代的作用，被称为不出声的"第三位教师"。但是在工作实践中，如何创设受幼儿喜欢又有教育意义的环境，让幼儿的第三位教师发挥功效呢？不妨看看以下经验。

（一）精心设计的班级环境

作为一名新教师，和你搭班的老教师往往会交给你布置环境的任务，也许他已经有了整体的想法，你只是他的助手，也许他还没有很好的创意，很想听听你的意见，怎么办？

第一步：想一想，为什么要创设环境？并把这些想法写下来，使环境创设的目的性更明确。

■ 快开学了，需要将班级环境装扮得漂亮一些，使幼儿和家长感到愉快。

■ 在课程的开展中，需要有相应的环境，促进与支持正在开展中主题的发展。

■ 前段时间积累了一些幼儿的作品，可以用来展示。

■ ……

第二步：谈一谈，请教或和搭班教师一起商量，根据当下确定的教育目的对整个班级环境进行规划，并确定需要新布置的区域，例如：自然角、活动区角、主题墙、其他墙饰等。

第三步：查一查，布置环境所需的材料是否齐全，哪些材料已经有了？哪些材料还需要收集？是否需要动员幼儿和家长一起参与材料的收集和制作？

第四步：试着把上述内容进行整理，并制定一份环境创设计划。

某幼儿园小一班的学期环境创设计划

本学期环境创设主要包括主题活动环境、区角活动环境以及家长园地的创设。

一、主题环境创设

主题环境是根据本学期班级主题的实施而变化的。主题开始之前，教师、幼儿、家长一起收集资料和材料，并根据幼儿的兴趣和需要把直观、生动、形象的资料布置在主题墙上，供幼儿欣赏以及与环境互动。主题进行过程中，教师会不间断地把幼儿的作品，如剪纸、绘画等也布置在主题墙上，供幼儿欣赏、学习。本学期有六个主题活动，主题墙创设如下：

■ 主题"我爱我家"：在墙面上布置亲情树，设置"我爱爸爸"、"我爱妈妈"、"我爱我家"专栏。

■ 主题"小小蛋儿把门开"：在墙面上布置"蛋的世界"，上面贴有蛋的内部结构图、有趣的蛋、会生蛋的动物总汇、各种各样的蛋等图片。

■ 主题"奇妙的声音"：展示生活中能发出声音的交通工具、生活用品等图片。

■ 主题"灵巧的小手"：制作"灵巧的小手"展板，把幼儿的手工制品或与手有关的图片展示在展板上。

■ 主题"我的朋友"：选择集体同乐的照片布置在墙面上。

■ 主题"冷和热"：贴一些和夏天有关的图片，并用扇子装饰主题墙四边，或悬挂成一串。

二、区角活动环境创设

本学期准备设置五个区角："图书角"、"音乐角"、"益智角"、"美术角"、"娃娃家"。首先，在每个区角设计区角的标识，便于幼儿识别。其次，根据幼儿的兴趣和需要投放材料，并根据主题的内容适当增减材料。

■ 主题"我爱我家"："美术角"里提供彩色卡纸、剪刀、炫彩棒等工具和材料，给爸爸画领带、为妈妈做项链；"娃娃家"里提供餐具、食物、娃娃、家俱等，鼓励幼儿进行角色表演。在"益智角"里，分别提供爸爸、妈妈经常使用的物品，让幼儿进行匹配。

■ 主题"小小蛋儿把门开"："益智角"里提供各种蛋让幼儿进行比较，剥壳。还有各种蛋的拼图与配对卡等。"美术角"里提供蛋壳及各种工具让幼儿做蛋壳粘贴画。

■ 主题"奇妙的声音"：请幼儿带能发声的玩具来园，教室里悬挂一些用不同材质制作的风铃，引导幼儿倾听风铃发出的不同声音。在"益智角"里放置装有不同材料，如米粒、豆子、沙子等的罐子，让幼儿摇一摇，听一听，辨一辨，比较不同材料的不同声音。在"美术角"里，提供废旧的小瓶让幼儿制作风铃。在"音乐角"，提供各种打击乐器让幼儿玩玩、听听，感受不同的声音。

■ 主题"灵巧的小手"："益智角"里提供不同材质的物品，如棉布、羊毛、麻布、纸张等，让幼儿闭上眼睛用手指去触摸、感受。"美术角"里提供材料让幼儿画手掌画、指印画。"娃娃家"里，让幼儿用晾衣架上夹子夹袜子、手帕等。

■ 主题"我的朋友"：在"心情小屋"内放置沙发、靠垫等，让幼儿相互间说说悄悄话。"美术角"里，提供彩纸、剪刀、卡纸、油画棒等，幼儿制作给朋友的礼物。"益智角"里，提供小朋友的侧面照，让幼儿找出相应的正面头像。

■ 主题"冷和热"："益智角"里提供一些夏天和冬天的物品，让幼儿分类摆放。"美术角"里提供羽毛、碎布等材料让幼儿自制扇子。

三、家园联系栏

以粉红色为底色，四周是大小不一的各色气球，设置五个版块：主题说明、一周活动安排、请您配合、育儿宝典、童言无忌。其中"育儿宝典"是一月一换，"一周活动安排"、"童言无忌"是一周一换，"主题说明"和"请您配合"则根据主题实施时间和具体活动的需要进行更换。

（二）丰富多彩的墙面环境

墙面环境是幼儿园中的重要环境，新教师需要根据不同年龄段幼儿特点进行创设，使环境显得丰富多彩，并切合班级教育的重点。

1. 小班墙面环境创设的注意点

■ 人物、动物等的造型应清晰、有完整的轮廓、线条简练，使人物、动物等形象直观、可爱，从而吸引幼儿的注意。

■ 使用的色彩不宜过多，可以是幼儿认识的、常见的几种颜色，颜色采用最简单的几种色块，最常见的是红色、绿色、蓝色、黄色和白色。

■ 墙面的布局要简单，突出主要的物体，如在"我爱我家"的墙面环境创设中，教师在墙上创设简单的家，然后把幼儿的全家福照片贴在墙上，既突出了主题，又让幼儿感到非常温馨。

■ 墙面的内容应贴近幼儿的生活，教师可以布置一些幼儿熟悉和喜欢的生活场景、动物及人物，如"水果娃娃"、"动物花花家"等，用简单、夸张的形象帮助幼儿认识事物或进行生活常规教育。

■ 教师可以通过提供一些成品型材料，让幼儿直接把材料或是自己的作品贴在相应地方的方式来引导幼儿参与环境创设。

2. 中班墙面环境创设的注意点

■ 墙面布置可以偏重知识性内容，让幼儿获得科学经验，如"我家附近"、"大海里的鱼"、"有营养的食物"等。

■ 可以运用形象的卡通化、拟人化的手法，使幼儿感到亲切自然，易于接受，乐于与之进行互动。

■ 可以选择幼儿认识的颜色如红、黄、蓝、绿等，还要有其他的调和色如粉红、天蓝、嫩绿、橙色等，使幼儿能感受到色彩的丰富性。色彩可以根据季节、主题内容的不同而加以调整。

■ 在布置墙面时注意整幅画面构图尽量要饱满，安排应有主次，如在创设"旅游去"的墙面环境时，墙面中间以幼儿画的各地名胜古迹为主，墙面的四周可以是幼儿旅游时的照片，突出"旅游去"的主题。

■ 教师还可以引导幼儿参与墙面环境的创设，对于中班幼

儿，教师可以提供"替代品"，让幼儿对其进行简单的加工改造后成为"成品"，然后再布置到相应的地方。

3. 大班墙面环境创设的注意点

■ 墙面内容可以是幼儿当前最感兴趣的热点问题、最关注的急需获得解答的问题或具有探索性的内容，如"地球的奥秘"、"太空旅行"、"祖国各地"等。

■ 造型上可以通过一些变形、夸张的设计来吸引幼儿。

■ 色彩中必须要有主色调，就像音乐中不同的曲子必须有一个主旋律一样。在这个主色调的基础上，再加进一些活泼的色彩，让幼儿体会到色彩的丰富性。例如，以"白色"为主色调的冬天雪景的创设中，可以增添戴着蓝帽和蓝围巾的雪人，以及挂着红色灯笼的小木屋。

■ 布局墙面时要注意各形象大小与面积的对比关系，可尝试用不同颜色加以区分。例如，以小动物们不同的过冬方式为主题，通过冬眠、迁徙、备粮和换皮毛四个不同板块的不同颜色和内容来创设墙面环境。还可考虑运用三角形、圆形、对角线等进行布局。

■ 可以和幼儿一起商量墙面布置的内容，然后收集材料，幼儿进行创作，最后和教师一起布置墙面。例如，在创设主题墙"给好朋友的一封信"时，教师先和幼儿一起商定用信封和信来布置，然后幼儿用图式或文字给好朋友写信并折叠信封，最后老师拟定背景图，和幼儿一起把信封和信布置上去。

（三）把自然带进活动室

每个活动室几乎都有一个自然角，自然角里有很多植物、动物，如何去呈现、管理这些动物、植物呢？不妨试试以下这些方法：

■ 可以利用空间、墙面、柜子、架子、地面进行交叉组合，使幼儿处于一种抬头可见、低头可观的环境中，随时都与自然角发生互动和作用。

■ 考虑到幼儿喜欢生动、直观的形象，可以对呈现的植物进行拟人化装饰，吸引幼儿观察。

■ 在自然角里可以放些观察记录本，或是提供不同的实验条件和材料，如放大镜、滴管等，引导幼儿用眼睛去看、用耳朵去听、用手去摸、用鼻子去闻，通过看、听、闻、触摸等感官来认识自然、记录自然。

你也可以根据不同年龄班幼儿的特点，让幼儿参与力所能及的管理工作。

（四）其他环境的创设

1. 盥洗室

盥洗室是幼儿园活动室空间环境的一个组成部分。你如果能充分利用盥洗室空间的话，会为幼儿园的环境起到画龙点睛的作用，同时也能培养幼儿良好的行为习惯。

■ 可以在盥洗室的墙上装饰一些有趣的、让幼儿展开想象的图案，或是培养幼儿文明入厕习惯的图画。

■ 盥洗室的洗手台上除了放置一些肥皂、擦手巾以外，还可以贴一些洗手步骤图、或是节约用水的图画。

■ 幼儿喜欢照镜子。可以利用镜子的形状进行创意设计，让幼儿对自己的形象做些整理。

■ 还可以安装各种各样的水龙头，需要幼儿通过感应、按压、旋转等不同的方法来开启，让幼儿在洗手时边洗边探索。

2. 卧室

良好的卧室环境能带给幼儿犹如家一样的温馨感觉，有助于幼儿尽快入眠。在布置卧室环境时，需要注意以下几点：

■ 卧室要通风、安静，窗帘的颜色要淡雅，以粉色为主，给幼儿温暖的感觉，容易使幼儿入睡。

■ 幼儿用的卧具，如床、被褥、床单、枕头等的尺寸要适合幼儿的身高，颜色以粉红、粉黄、粉蓝等为主，给幼儿以清新、淡雅的感觉。

■ 卧室的墙上可进行一定的装饰，例如在墙上画上一些山脉、湖泊、树林等，仿佛把幼儿带到了一个美丽的自然界中，让幼儿在"大自然"中安然入睡。

■ 有条件的幼儿园，还可以在卧室中放置供幼儿悬挂衣服的橱柜，并在橱柜上放置幼儿的家庭照，让幼儿感觉像在家里一样的温馨。

（五）家园联系栏

家园联系栏是幼儿园和家长联系的一个重要纽带。一份设计适宜的家园联系栏，可以帮助家长了解园所的课程安排，更好地配合你的保教工作。

1. 家园联系栏的设计

如果你需要新创设所在班级的家园联系栏，可以试一试以下几个步骤：

■ 规划栏目设置。从搭班教师那里了解以往栏目的设置，或者从网络、杂志等媒体参考现有的家园联系栏设计，根据本学期的教学需要、资源条件，增减栏目，并确定更新周期。

■ 确定栏目名称。名称可以很有创意，如"家园手牵手"、"家园彩虹桥"等，但务必要让家长清晰了解栏目内容定位。

■ 积累内容素材。有关育儿知识、经验的内容可以通过网络、杂志渠道收集，也可发动家长一起参与，或向家长征集。有关班级活动的内容除了文字，还可以通过照片进行直观展示。

■ 注意美化版面。可以尝试用剪纸、绘画等作品装饰版面，也可以为文字内容添加各类边框，以此减少刻板，增加活泼感。

■ 不固定地加以调整。倾听家长和搭班教师的意见，优化栏目设置；了解家长的需要、问题和疑惑，作为下期的话题来源。

2. 家园联系栏案例

以下是两份不同侧重点的"家园联系栏"设计，新教师可以根据本班的实际情况创设最适合自己班级的栏目。

案例1：以活动告知为主要内容的"家园联系栏"，让家长更加了解幼儿在园内的活动安排、以及获得家长的资源配合。

栏　目	内　容
★ 主题预告	告知家长即将要开展的主题活动，主题的目标、基本内容，以及要求家长共同参与的内容。
★ 每周活动安排	本周集体教学、区角活动等的具体安排，使家长对一周活动安排做到心中有数。
★ 温馨提示	提示家长根据天气情况为幼儿添加衣物，提醒家长周一幼儿要穿校服，收费公告，需要家长提供的主题活动材料等。
经验交流	给家长提供一个相互交流育儿经验的平台，好经验大家共享。
健康心理	结合季节特点向家长介绍有关的儿童保健常识。

（★为重点内容，在版式设计及内容组织上突出醒目）

案例2：以育儿等教育类话题为主要内容的"家园联系栏"，为家长提供更加丰富的教育经验信息，拉近教师和家长的距离。

栏　目	内　容
温馨提示	向家长介绍本周中主要活动及特别的情况等，如秋游注意事项、幼儿园开放活动、预防接种等。
请您关注	介绍本周的主题活动内容，使家长及时了解主题活动的具体内容。
★ 向您推荐	向家长推荐一些独特的育儿经验和知识，或是一些好的育儿书籍，使家长获得正确的育儿知识和方法。
★ 本日话题	和家长讨论共同关注的问题，如"集体过生日"的方案：怎样让幼儿在园内过一个有意义的生日。
★ 家长聊天室	介绍家长成功的教育经验，提出家庭教育中的困惑。

（★为重点内容，在版式设计及内容组织上突出醒目）

你知道吗？

班级环境创设会花费教师较多的时间和精力，如果教师善用一些小窍门的话，就可事半功倍。下面是一些小提示：

▶ 虽说墙饰不完全用幼儿作品来布置，但可以利用区角活动中以及其他各类活动中的幼儿作品来装饰墙面。如果是大班的话，还可留出一部分地方让幼儿把剪贴、撕贴、绘画等作品贴上去。

▶ 教师可以利用零散的时间，或是幼儿午睡的时间进行教室环境、主题墙等的设计和布置。

▶ 教师可以动员家长和幼儿一起收集各种废旧材料以备环境创设时使用，同时鼓励家长和幼儿利用各种材料进行制作，并结合主题内容展示亲子作品。

——林琳

推荐书籍：

1.《幼儿园主题活动环境创设》

新世纪出版社本书编写组编，新世纪出版社，2006年版。

■ 本书采撷了在开展主题教学活动中巧妙地创设环境并取得成效的幼儿园实例，为教师优化教育环境，实施环境与幼儿对话提供借鉴及帮助。

2.《在墙面环境中学习》

应彩云著，上海社会科学院出版社，2007年版。

■ 特级教师收集了各类主题墙面环境的实例，为教师创设墙面环境时开阔思路、引发创新提供参考。

3.《让环境和材料与幼儿对话》

幺丹彦、方燕著，北京师范大学出版社，2008年版。

■ 这本书提倡让环境和材料与幼儿互动，书中的材料取自身边资源，材料中暗含着教育目标与内容，能引发幼儿不断地研究和与之相互作用。

4.《玩美幼教Piccolo》

（日）学习研究社编著，中国青年出版社，2009年版。

■ 书中为教师提供了许多实用的幼儿园墙饰、手工制作和游戏互动等案例，具有实用性、季节性、互动性、可操作性、可欣赏性的特点。

四、案头工作
——笔头底下出结晶

教案、计划、小结、观察记录是幼儿园教师经常要做的一些案头工作。面对这些案头工作很多新教师感到头疼，不知从何下笔。不要担心，试试了解以下各种案头工作的写法，相信你会发现原来案头工作没有那么可怕。

（一）安排各类计划

新教师在进入幼儿园后可能会有疑问，工作中需要带班教师去制定的计划都有哪些呢？主要有下面几种：学期工作计划、月工作计划、周工作计划、一日活动计划、具体教学活动计划（教案）等。

这其中，你最应该学习的是如何制定周活动计划、日活动计划以及具体各类活动计划。学期工作和月工作计划的制定需要你在具备了一定工作经验之后才能慢慢掌握。

1. 如何编写计划

每所幼儿园都会有自己园的计划撰写要求，那么，对于新手教师来说，如何去编写这些计划呢？万变不离其宗，可以尝试从以下角度理清思路：

（1）清楚计划的基本格式

计划的基本格式一般是这样的：计划的名称、计划的期限、计划单位、计划的工作目标及内容等。每一项计划撰写时格式是基本不变的，所以在写计划时，不要担心，先把格式牢牢掌握，再填充内容即可。

（2）了解计划的主要内容

编写计划要先对工作计划是在什么基础上开展的进行一番阐述，即现状分析；然后，分析工作的任务和要求，明确自己要做什么；接下来具体阐释工作的方法、步骤和拟采用的措施。

（3）掌握制定计划的一般步骤

第一步：仔细查阅幼儿园里有关计划的内容，明确自己要制定计划的主要方向。

第二步：认真分析自己班上幼儿的具体情况，将现状剖析透彻。

第三步：按照计划内容，确定工作目标、任务与要求以及完成目标的具体策略。

第四步：计划初步成形后，与搭班教师共同讨论，形成共识。

第五步：在实践工作中修订和完善计划。

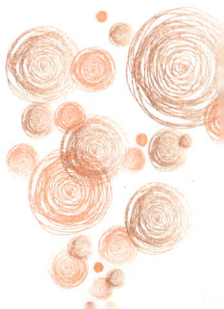

2. 周计划/日计划案例

某幼儿园一周活动安排

第十一周（11.8～11.12）   班级：大一班

本周主要经验	1．有了解自己身边的各种新事物的兴趣，乐意主动收集新信息。 2．在游戏中根据自己的生活经验，模仿生活中的各种角色进行交往。 3．通过观察"豆子发芽比赛"，了解不同的豆子会有不同的发芽速度。 4．在洗手时，能冲洗干净手上的泡沫。
运　动	1．跟着音乐的节奏，精神饱满地做好徒手操。 2．根据一定的间隔距离练习跨栏跑步，锻炼身体协调能力。 3．在运动的间隙，学习随时增减衣服。
生活活动	1．值日生提醒大家洗手前卷起衣袖（长袖变短袖），洗完后放下衣袖（短袖变长袖）以免着凉。 2．知道在餐后将自己的小毛巾摆放整齐，餐具轻轻地放进餐桶内，养成整理物品的好习惯。
游戏活动	1．继续参与美食街游戏，提示幼儿模仿生活中的服务人员用礼貌的语言文明接待顾客，为顾客提供服务。 2．提示幼儿在游戏室游戏时，能根据标记出行，遵守交通规则。 3．在游戏过程中继续学习互相商量着分配任务。

学习活动	集体教学	主题"我们的城市" 食品袋上的秘密、游上海、公益广告、有趣的电池、东方书报亭、捏面人1 非主题活动: 5以内数的口头加减法、闪烁的小星星、折衣裤、我们看丰子恺爷爷的画
	故事	成语故事:《疑邻盗斧》 童话故事:《园丁和主人》 幽默故事:《是谁嗯嗯在我的头上》 生活故事:《我是霸王龙》
环境创设		探索角 1. 谁是大力士 (提供:大小一致的报纸、3瓶一斤的水、3瓶两斤的水、装有挂钩的拖板,距离50cm的起始线、大力士记录表) 2. 探索用不同方式将报纸搓、编成纸绳进行拖重比赛。
家庭教育指导		1. 建议家长为幼儿准备一件背心,便于幼儿运动前后更换。 2. 鼓励幼儿坚持每周在家中为自己的爷爷奶奶做一些力所能及的事,并积极参与互动,激发幼儿爱爷爷奶奶的美好情感。 3. 请家长为每位幼儿准备一根绳子,每天让幼儿练习跳绳15分钟。

某幼儿园大二班半日活动计划

一、来园活动

（一）活动目标：

1. 能安静地进行桌面游戏。

2. 学习与同伴合作一起玩。

（二）重点指导：安静游戏，并且学习与同伴合作玩。

二、体锻活动

（一）活动目标：

1. 喜欢玩体育活动器具。

2. 活动中注意适当休息，避免出汗太多而感冒。

（二）重点指导：拍皮球

1. 分散游戏：大型玩具

2. 集体游戏：拍皮球

三、生活活动

（一）活动目标：

1. 独自吃完自己的一份饭菜，安静就餐不挑食。

2. 做到饭后碗底清、桌面清、地面清。

（二）重点指导：午餐、点心

四、区角活动

（一）活动目标：

1. 自主地选择自己喜欢的区域进行活动，并有一定的持久性。

2. 会对自己所玩的区域进行介绍，并和同伴一起玩。

（二）重点指导：计算角、科学角。

五、学习活动：数学王国旅游记

（一）活动目标：

1. 能尝试观察分析图片意思，用简单的语言讲述图意。

2. 能根据所编应用题列算式。

（二）重点指导：看图编应用题

（二）撰写集体活动教案

教案是一节集体教学活动成功与否的基础。新教师在自己备课时往往要从写出一篇详细的教案开始。

1. 如何写教案

（1）心中要有流程

在准备教案时，新教师可以参考以下流程，按部就班地准备教案。

确定教学目标 ➡ 了解幼儿经验 ➡ 分析教学内容

查找幼儿园里相关资源 ➡ 模仿改编原有资源 ➡

整理撰写详案 ➡️ 请带教教师审阅修改 ➡️ 熟悉教案并牢记重点（如活动目标、提问、指导语等）

（2）手中要有方法

写教案表面上来看是文字语言、格式规范构成的一篇文章，但实质是幼儿的经验、活动目标、内容、方法等构成的一次教育计划。因此，在撰写教案时要精心准备，精益求精。精心准备主要体现在教学活动设计时，对活动的每一个环节都认真地思考，做好材料准备、知识准备和应变准备。精益求精主要体现在要细致推敲活动中的每个细节，如教师的提问与回应、环节的组合与架构等等。

（3）笔下要有规范

新老师必须要写详案。详案就是详细的教案，要求教师把整个教学过程尽量写得具体详细，要写出准备说的每一句话，做的每一个行为，还要想好幼儿会有什么反应，会说什么做什么，这些尽量都要在你的教案中体现。

一般来讲，详案主要包括以下几方面内容：

■ 活动目标：2～3条为宜，应该从幼儿的角度来写。字数不要过多，写清楚你教学活动需达到的重点即可。不同领域内容有不同教学重点，不能一概而论。

■ 活动准备：从实物准备和工作准备两个方面撰写。一方面写清楚教学时你准备了哪些具体材料，另一方面写清楚你前期做的一系列准备工作，如教学活动"我和影子做游戏"，在活动准备撰写时，可以写上提前带领幼儿在户外活动中玩影子游戏。

■ 活动过程：环节是骨骼，语言是血肉，活动过程要写得"有血有肉"，就要写清楚每一个环节要做什么事情，要说什么话。包括：撰写环节——以小标题的形式呈现每一环节，一节教学活动通常为3～4个环节。撰写语言——突出教师重点提问和教师小结语言，还可以写清预想的幼儿回答语。撰写活动——突出在活动过程中组织幼儿开展哪些活动，尤其是重点活动如何开展等。

■ 撰写意图：阐释教学过程行为的具体原因，这一部分你可以有选择性地撰写。

（4）活动延伸

简单地介绍一下你在活动结束后的安排，可以是幼儿日常活动中的新经验运用，也可以是幼儿对于新经验的练习和拓展，还可以是在区角中的关于活动内容的继续探索。总之不要写得过多，一两句话就可以了，以免本末倒置。

2. 教案案例

以下是一份新教师用的教案。请仔细体会一份详细教案的作用，教案中斜体的内容（即教师的解释说明部分）是可以选择不写的。

中班科学探索活动：转起来

活动目标：

1. 愿意尝试和探索使各种物体转动的方法。

2. 关注生活中转动的现象，发现转动在生活中的运用。

活动准备：

1. 幼儿第一次探索用的物品：生活中、活动室里常见的能转动起来的物品，包括纸杯、盘子、积木、废弃的光盘、磁带、勺子、筷子、绳子、饮料瓶、呼啦圈、风车等，物品数量多于幼儿人数。

2. 幼儿第二次探索用的物品摆放，包括：塑料齿轮玩具，当中有孔的积木、纽扣玩具、光盘，各类绳子；牙签，不同形状的、中心用针戳洞的纸片；纸杯、筷子、勺子，两只透明水缸杯中各盛半碗水。

活动过程：

一、游戏：快乐小转盘

1. 引题并介绍游戏玩法。

师：孩子们，瞧这是什么呀？（地上摆放彩色圆形泡沫垫代表小转盘）我们的"快乐小转盘"又要开始转啦！想玩吗？

教师请幼儿张开双手站在圆垫上准备。

师：快乐小转盘！

幼：大家一起转。

师：转呀转呀转呀，转出可爱的动物来！

儿歌起，大家站在圆垫上转圈，儿歌结束时原地不动，并做一个可爱的小动物的动作。然后教师倒数5～0。如果念到0，大家还能保持不动的话就算胜利。

2. 师幼一起游戏。（第二次游戏时，教师播放PPT倒计时，让孩子感受游戏的紧张气氛）

中班幼儿受知识经验所限，有时会将"转动"与"滚动"相混淆。我们知道"转动"是围绕着一个轴运动，"滚动"则是物体整体不断翻转着移动。这个游戏是让幼儿通过自身运动来体验、感受、理解"转动"。

二、第一次探索，让各种物品转动起来

1. 交代任务。

师：你们今天转得这么快乐，瞧瞧都转出些什么了呀？（教师揭开屏风，让幼儿说说有些什么东西）这些物品看见大家转得那么开心，也想玩"转起来"的游戏。请大家帮帮忙，用你们的办法让它转起来。

2. 幼儿操作，教师观察并指导。

观察包括以下几个方面：

■ 当幼儿已经想办法使物体转动起来时，教师宜用提问帮助幼儿提升经验："你用的是什么方法？"当幼儿把长柄花放在手心，

并搓动使小花转动时，教师可以问："你用的是什么方法？这个动作叫……"

■ 当幼儿已经使一种材料转动起来时，教师可以鼓励全体幼儿尝试更多的材料："请试一试不同的材料。"

■ 有些材料可有多种使之转动的方法，如风车可用吹气、跑动等方法使它转动。幼儿尝试了一种方法后，教师可以用提问拓展幼儿的思维："除了这种方法，还有别的方法能使它转动吗？"

3. 交流与分享。

师：你刚才玩了什么？你是用什么方法让什么转起来了？

这种填空式的提问能够帮助中班幼儿理清思路，尝试完整表达自己的探索重点。

4. 出示图文相结合的汉字，师幼一起总结探索方法。

当幼儿说出教师估计到的一些方法时，教师就翻开已经打印好的图文相结合的汉字；如果幼儿说出教师没有估计到的方法时，教师就直接在空白纸上写出此方法。虽然教师并不强求幼儿认识所有出现的文字，但以上做法可以满足部分对文字敏感的幼儿的表达需要，另外有了图解配上文字对中班幼儿更容易理解，同时有利于梳理归纳探索方法。

师：你们用拨、搓、拧、转、扭……那么多方法使物品转动起来了，真了不起！

5. 引出转动和"力"有关。

教师可以捕捉选择风车的孩子并提问:"刚才是怎么让风车转动?"幼儿可能会回答:"吹。"这时,教师故意不用力吹,使风车转动不起来,然后问幼儿怎么办。当幼儿提出"用力"时,教师顺势出示文字"力",并追问:"我们刚才所想的那么多方法都要用力吗?"最后总结:"原来这些转动的方法都和'力'有关。"

在科学探索活动中,教师需要引导幼儿获得粗浅的科学知识。我们知道,转动需要两个要素:轴和力。对于中班幼儿来说,感知"力"这个要素更符合他们的年龄特点。

三、通过创造性地组合,第二次探索让两种物品一起转动起来

这个环节是本次活动的难点,是在幼儿掌握一定的使物体转动的方法之后,对幼儿运用方法解决问题提出的挑战。

1. 交代任务。

师:看,这是什么?(教师出示手势2,这次代表两样东西)接下来要增加难度了哦,请你到后面的桌子上选两样东西,让一样物品帮助另一样物品转动起来。

2. 幼儿操作,教师观察并指导。观察包括以下几个方面:

■ 当幼儿出现初步的组合意识时,教师要及时捕捉并鼓励。如:幼儿用绳子穿进光盘的中心时,教师可以提醒幼儿用力甩动

绳子。一方面帮助幼儿成功，另一方面自然引导幼儿进一步体验转动要素"力"。

■ 当幼儿已经通过组合使两个物体转动起来时，教师可以通过提问："你在哪里也看见过这种转动"，引发幼儿回忆转动与生活的关系。如当幼儿用筷子在水中搅拌，使水转动起来时，教师可以提出上述问题。

3. 小结转动与生活的关系。

小结：留出空间，让幼儿边上来演示边讲解。教师适当在旁总结、提炼。

选择一些幼儿上来演示创造性地转动物品，由此自然引导到生活中的转动。比如，请幼儿演示用筷子或绳子让光盘转动，并提问："光盘除了这样转动，还可能在哪里转动？"幼儿会联想到光盘还可以在播放器上转动。这时，教师追问："光盘在DVD上转动后可以怎样呢？"幼儿会依据自己的经验回答。教师再适时总结："转动给我们带来美妙的音乐、精彩的动画片，让我们的生活更美好。"如果想拓展幼儿的思维，教师可以进一步追问："家里除了DVD会转动，还有什么会转动？"引发幼儿联想生活中更多的转动现象，从而自然达成第二条目标。

四、游戏：想得快，说得快

师：你们发现生活中有哪些东西是会转动的呢？想得快说得快——开始！（孩子一边说，老师一边把自己事先收集好的会转

的物品照片通过PPT播放出来）

师：原来转动可以给我们带来那么多方便、那么多快乐……那么，是不是所有的转动都是有好处的呢?有没有不好的转动呢? 让我们到生活中再去仔细观察和发现吧!

（上海奥林幼儿园　吴轶）

（三）及时进行小结

小结或总结主要是回顾过去做了些什么，是如何做的，做的效果如何，以及自己的反思。幼儿园教师写的小结或总结主要包括学期工作总结和每周小结、主题小结和某一项具体工作总结。新教师经常要打交道的便是每周小结和主题小结了。

1. 如何写小结

在写小结时试试这样做：

■　对照计划写小结。无论是主题小结还是周小结都应注意按照计划的内容来撰写，这样既能反映工作内容的计划性，又让人感觉很有逻辑性。

■　抓住亮点重分析。在写小结时不要按照计划把每件事情都分析具体，要抓住工作中一两个关键事件，作为重点阐述对象，他人看了才会一目了然。

■　统观整体有远见。在写小结时，还要有一个整体统括的思

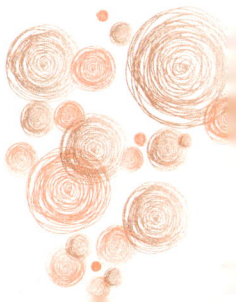

想。在小结的最后一部分将所有工作进行总的梳理与评价，有时还可加上今后工作的想法或目标，为你的小结画上一个圆满的句号。

2. 小结案例

某幼儿园主题活动小结

为期一个月的主题活动"我们的身体"就快结束了，利用身体开展各项活动，对幼儿来说是极有兴趣的。在这个主题中，围绕了几个分主题"我们的脸蛋"、"双手真能干"、"我的小脚丫"展开活动。我们不仅带幼儿认识身体的各个感官，通过照照镜子看看自己脸上有什么，了解耳朵的用处；还通过阅读和歌唱表演，引发幼儿的好奇心和兴趣，让与幼儿了解身体器官的重要性，懂得如何运用和爱护我们的身体。

我们教幼儿朗诵儿歌"十个手指头"，说说"我的小手本领大"，教幼儿认识自己的手以及手的用途，从而教育幼儿自己的事情自己做。又通过"有用的标志"让幼儿知道要保护自己的身体。我们组织了音乐活动"小牙刷"、"小手歌"等，让幼儿在歌唱和表演中感受到了学习的快乐。组织幼儿、发动家长一起寻找眼睛里的秘密，并把它展示出来，布置在教室一角让幼儿相互交流。主题活动开展以后，我们立即得到了广大家长的理解与支持，收集了主题活动中所需要的物品，使我们的主题顺利开展。另外，根据主题新增添了区域活动"医院"、"弟弟妹妹排排队"、"贴五官"等，使幼儿的学习得以发展，得到练习。我们还进行了一次社会活动，走出园门去参观服装店，通过观察服装店，让幼儿了解服装店的买卖过程，初步了解服装与人们之间的关系。

在重阳节，我们走出园区，来到了大华小区。小朋友见到老人，能主动和他们打招呼，问爷爷奶奶好，围在奶奶的周围唱歌给他们听。小朋友把自己的点心送给爷爷奶奶吃，奶奶舍不得吃，他们硬塞在奶奶的嘴里，还帮奶奶们捶捶背，捏捏腿。幼儿不仅在活动中初步了解重阳节的风俗习惯，还通过活动，学会与人交往，懂得要关心老人。

通过主题活动的开展，幼儿知道自己长大了，对自己身体有了初步认识，知道自己的事情要自己做，并且有爱护自己的意识，如爱护眼睛、耳朵、皮肤等等，同时知道要控制好情绪，不随便发脾气。因为自己长大了，各方面的能力要求也有了提高，不再像小班小朋友一样了，让幼儿有了自豪感。通过活动，让幼儿了解我们的身体给我们所带来的方便以及灵活的运用，让他们知道不要随便损坏身体的任一部位，以及损坏身体可能给我们带来的后患。对有些特别调皮的幼儿来说，有着极其良好的教育作用，他们知道了很多保护自己的知识，懂得了要爱护自己的家人。

（四）观察幼儿进行记录

一般来说观察记录有一个基本的格式，包括观察时间、观察地点、观察对象、观察实录、记录分析和保教措施等。在撰写观察记录时，不一定完全按照这个格式来写，也可以按照自己幼儿园的格式要求撰写。

1. 如何进行观察

（1）观察目的要明确

在观察前需要先清楚想观察什么，然后再有计划地一步步实施观察。

（2）观察方法要合适

有些观察可以面向全体幼儿，如对新规则的遵守和执行；有些观察可以面向一组幼儿，如在娃娃家活动中的角色分工；有些观察可以面向同一性别的幼儿，如生活课程中某些细节的掌握；有些观察可以针对某一个幼儿，如在游戏活动、体育活动中的表现和发展等等。把这些情况都弄清楚了，才能开始下一步的工作。

（3）记录内容要具体客观

观察过程中要记录幼儿的真实行为，包括他的语言、动作、神情等，写得越详实，你的分析就会越准确。在分析观察记录时你可以结合幼儿的年龄特征，参考相关要求（如《幼儿园教育指导纲要》），对幼儿的表现进行解释和分析，不过记得一定要客观，不能带有太多的感情色彩。

（4）指导策略要有效

观察并不是目的，目的是了解幼儿，并在此基础上提出改进自己保教策略的措施。在撰写改进措施、指导策略时，要尽量写得详细具体丰富，包括你将要对幼儿说的话、要采取的进一步行动，或是你对行动的思考等等，要将策略分解，落到实处，保证措施的有效性。

还需要将观察记录和教养笔记进行区分。观察记录是教师事先有计划有方法开展的活动，而教养笔记则是教师在工作中对观察到的各方面内容有所感悟而写的随笔，不仅仅是对幼儿行为的记录。

2. 观察记录案例

<table>
<tr><td colspan="2" align="center">游戏活动观察记录</td></tr>
<tr><td colspan="2">班级：中二班　　　　日期：11月25日　　　　记录者：张老师</td></tr>
<tr><td>幼儿游戏背景</td><td>　　前一段时间，班级里创设了医院的角色游戏环境，有医生的装扮：医生眼镜、帽子、白大褂，还有听诊器、医药箱以及注射器、棉签、盘子、药瓶等医疗器械。刚开始游戏时，因为这些材料的投放，以及对医生角色的好奇，游戏对幼儿产生了很强的吸引力，幼儿们都喜欢到"医院"看病和装扮病人。可是一段时间以后，慢慢地参与的幼儿开始少了。所以想通过观察，看看如何推进游戏的开展。</td></tr>
</table>

幼儿游戏行为实录	游戏开始了，郁晓带上帽子，穿好白大褂，挂好听诊器，都准备好了以后，就在医院等待病人来看病。 可是，过了大约五分钟以后，没有一个病人来，他就去整理医药箱和材料。 又过了大约五分钟，还是没有病人来，他开始左顾右盼坐不住了，就跑到最近的点心店里，拍了拍超市营业员："哪里不舒服呢，我给你看看。"营业员没理他。他又跑去娃娃家问："小弟弟生病了吗？我帮他看看？"娃娃家的妈妈说："没生病"。 他觉得没事情做了。于是我（老师）扮成一个病人去医院看病。 "你哪里生病了？""我发热了。" 郁晓用体温计给我量了量，说："真的发烧了，配点退热药片吧。""我已经吃过了，没有用的。" "发烧太高了，吃药没有用的，可以打一针。""我不打针，很疼的。" 郁晓想了想说："不用怕，不用怕。你打针的时候看着旁边，就不会怕的，等打针的时候，你就想别的事情就忘记痛了，我给你轻轻打。" 我装作听了他的话很放松的样子，让他轻轻地给我打了一针，他对我的"配合"感到很满意。
分析与调整	幼儿很喜欢角色游戏，因为他们可以通过重复一些角色的动作来表达他们内心的情感，以及模仿成人的一些行为。例如模仿医生的行为，来舒缓情绪压力并以此来降低对医生这个社会角色的陌生感。 在游戏中，发生了医院没有病人、医生无事可做的情况，我认为幼儿能在这样的情况下主动去寻找交往对象，这本身就是一种探索行为的体现。在下一阶段的游戏中，我要着重观察了解为什么没有病人前来看病，然后依据具体原因进行调整。

分析与调整	我通过"扮演病人"的方式利用幼儿的游戏机会，推进其游戏行为，在"打针"这一点上发挥了让幼儿在教育他人的同时进行自我教育的作用。过了几天，正好赶上幼儿园体检抽血，而当过医生的郁晓排在了队伍的最后面。我走过去说："今天抽血你肯定不怕疼，因为上次你当医生的时候，还教过我呢。"他听了点点头，脸上的紧张情绪也没有了。 　　幼儿的游戏经验来源于生活，而游戏的最好结果就是能将游戏中得到的经验再现到生活中去。

你知道吗？

　　教育日记并不是什么对它提出某些格式要求的官方文献，而是一种个人的随笔记录，在日常工作中就可以记。这些记录是思考和创造的源泉。那种连续记了10年、20年甚至30年的教师日记，是一笔巨大的财富。每一位勤于思考的教师，都有他自己的体系、自己的教育学修养。如果有高超技巧的、有创造性的教师，在结束他的一生时，把自己在长年劳动和探索中所体会到的一切都带进了坟墓，那会损失多少珍贵的财富啊!

　　记日记有助于集中思想，对某一个问题进行深入思考。例如，我在自己的日记里空出几页，专门记载自己关于知识的巩固性的想法。把这些记载加以研究、对比和分析，就能看出知识的巩固性取决于许多先决的前提和条件。日记能教给我们思考。

——苏霍姆林斯基

推荐书籍：

1.《学前儿童行为观察》

施燕、韩春红编著，华东师范大学出版社，2011年版。

■ 这本书对幼儿园教师如何进行观察记录以及分析作了较为详尽的介绍，新教师可以将此书作为工具书，在实践中学习观察记录的方法。

2.《幼儿教师专业发展》

申毅、王纬主编，西南师范大学出版社，2008年版。

■ 本书涉及幼儿教师如何开展职业写作工作，包括幼儿教师为什么要写案头工作，案头工作主要写哪些内容，如何去写教育随笔、观察记录、教育案例、教育论文等方面内容，具有较强的针对性。

3.《评价幼儿的六种简易方法》

〔美〕苏·戈贝尔著，毛曙阳译，华东师范大学出版社，2011年版。

■ 教师必须找到证据表明幼儿正在成长、发展和学习着。这本来自实践，经过验证的工作手册用表格、案例、作品和经验向新教师介绍了六种简单易行的评价方法，让新教师更懂幼儿。

4.《幼儿园教育活动设计与指导》

黄瑾主编，华东师范大学出版社，2007年版。

■ 本书以结合幼儿园教育实践和案例式的分析为特点，全面阐述了教育活动设计的理论基础、一般原理以及教育活动中的目标、内容、环境、资源等的设计和教育活动的组织、指导、评价等。

第三章

幼儿园里的一天

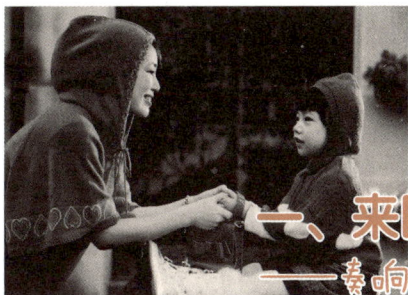

一、来园接待
——奏响早晨的欢乐序曲

每一位教师都会面临每天早晨的来园接待。虽然是短短几分钟的时间，却是你与幼儿和家长一天中的第一次接触。如果有了一个良好的开端，会使得整个一天的工作有条不紊地进行。

（一）来园准备

比幼儿早一些来到幼儿园，让自己有从容的时间来做以下准备：

■ 微笑地与幼儿园里的每一个人打招呼，不仅可以让自己的心情好起来，也可以将愉快的情绪带给同事、家长和幼儿，给幼儿园带来和谐的气氛。

■ 进入教室后打开每一扇窗户，让室内空气保持流通，还可以与保育员一起整理教室，对自然角进行一些护理（中大班的教师可以与幼儿一起进行）。

■ 熟悉一下一日活动的安排，检查当日活动的环境及与活动相关的教学具，是否都已经准备完善，如果有疏忽赶

快做些弥补。

■ 准备来园接待时记录家长需求的东西，可以是本笔记本，也可以是张表格等，这样可以做一些简单的记录，以免在家长集中到来时遗忘了重要的关照。

■ 在幼儿到来之前，换好你的工作服、穿好工作鞋，将自己的私人物品（包，手机等）放置妥当，以饱满的精神站在活动室门口。

■ 做好这些工作后，可以深呼吸几下，用一个甜美的微笑来迎接即将到来的幼儿和家长们。

（二）家长接待

可不要小看这一步，这是你与家长建立良好关系的开始。做好与家长的交谈，会增加家长对你的信任感，为以后的家长工作打下坚固的基础。

■ 面带微笑地招呼每一位幼儿、家长。要能叫得出每一位幼儿姓名和他的接送者的称谓，这样会让家长觉得你是关心他们的。切记：千万不能将祖辈和父辈搞混，幼儿的爸爸不能被认成是爷爷。

■ 微笑着从家长手中接过幼儿，仔细聆听家长关于孩子身体状况的陈述，对家长关照的特殊事情做好记录。

■ 耐心回答家长的疑问，如遇到不清楚的情况，要给家长承诺尽快予以答复。

■ 与家长的交流尽量简练，不因为与家长过度聊天，而耽误了接待其他幼儿和家长。若是同时接待两位以上的幼儿家长，你要将关注平均地给予每一位，不能让任何一位幼儿和家长有被冷落的感觉。

■ 可以在活动室里准备一本本子，记录家长交待的事情，避免遗忘，同时也方便与搭班教师交流。

■ 提醒幼儿与家长告别。如果幼儿是面带笑容向家长说"再见"，那整个一天家长的心里都会感到舒服和放心。

■ 如果发现家长有不一样的装扮，可以适时地称赞；如果察觉家长身体微恙，更要表现出关心。不要因为是每天见面，反而忽略了基本礼仪。

（三）关注幼儿

在与家长的交流过程中，你还要注意观察幼儿的情绪、状态。通过与幼儿交谈了解他们的想法，抚慰他们的情绪，这才是来园接待最重要的内容。

■ 在幼儿来园时，你可以用亲切的语言叫出他们的小名或是昵称，帮助幼儿稳定情绪。

■ 从家长手里接过幼儿时可以夸赞他们几句，或与他们交谈几句："你今天真漂亮。""你真能干，自己走着上幼儿园。""你今天早饭吃什么呀?"让幼儿一进幼儿园就有一份好心情。同时也让幼儿明白：教师是多么地爱他们。

■ 用动作表示对幼儿的爱，如摸摸他们的头，抱一抱他们，让幼儿感受到你的关爱。

■ 对年龄小的幼儿可以主动帮助他脱去外套挂好；对年龄大的幼儿，以夸奖的方式鼓励其独立完成放玩具、脱外套等事。

■ 除了保健教师的卫生晨检外，还要注意发现幼儿的口袋中有没有放着一些不安全的东西，如扣子、铁钉等。

■ 留意幼儿来园时的情绪，对情绪不好的幼儿要及时地给予安慰和适宜的引导。如利用幼儿喜欢的东西或新添的玩具、自然角的变化等，以转移他们的注意力，是缓解幼儿来园时不良情绪的方法。

■ 问一问幼儿想要玩什么，让他自由地选择游戏区，也可以在空闲时与幼儿聊聊天，了解他昨晚在家的情形，但不要光顾着安慰幼儿而忘了对家长的接待。

（四）特殊事件

来园时会有一些特殊情况需要教师关心并及时处理，例如幼儿生病就是经常会发生的事情。家长在来园时告诉你，今天幼儿不太舒服，这时你就要注意问清楚情况，并做相应的处理。

■ 幼儿需要吃药吗，家长有无带来。如果有，请家长交给保健教师，她会按时给幼儿吃药；如果不需要吃药，则要问问家长幼儿是否需要特殊照顾，如多喝水，少运动等。离园时提醒家长把药带回。

■ 了解幼儿所吃的药有没有需要注意的地方，如多喝水，有忌口等等，记录下来，提醒搭班教师、保健教师或保育员注意这些情况。

■ 一日活动中要经常询问幼儿的身体情况，安抚他们的情绪，因为幼儿在生病时是很脆弱的，及时地关心有助于了解幼儿病情发展的情况。

你知道吗？

我们应该给家长们提供帮助，告诉他们一些行之有效的从幼儿园"逃离"的策略。

▶ 鼓励他们说一些能让幼儿安心的话，如"等你睡完午觉妈妈就会回来的"。"妈妈很快就会回来的"这句话可以有很多种理解方式。大人所谓的"很快"远远不同于幼儿对它的理解（他们通常会以为不超过60秒）。

▶ 幼儿能从日常活动中得到些安慰。家长可以在离开前做一些"例行动作（或事件）"：例如，离开之前和孩子一起拼一个拼图；离开之前带着他一起看看书；养成一种特殊的离别前的习惯，如一个特殊的拥抱，或是一个特别的吻（可以先吻他的小脸蛋，然后吻一下他的鼻子），或是和他握握手。

▶ 建议家长们在即将离开时，用言语和身体语言告诉孩子，爸爸妈妈相信他能在幼儿园度过美好的一天并且得到很好的照顾。

——格温·斯奈德·科特曼

推荐书籍：

1.《幼儿教师88个成功的教育细节》

（美）格温·斯奈德·科特曼著，李旭晴译，华东师范大学出版社，2010年版。

■这本书提供了88个幼儿教师与孩子、与家长相处的细节，包括如何与孩子交流、如何应对孩子的错误、如何帮助孩子学会合作与分享、如何与家长合作等。是一本非常实用、可读性强的指导手册。

2.《给幼教实习生的101条建议》

步社民编著，南京师范大学出版社，2007年版。

■本书中的101条建议是多年来学前教育专业实习经验的结晶，主要是针对学前教育专业学生在实习中经常遇到的实际问题而设计的。

3.《为什么孩子这么难教：心理学家教你养育五类问题儿童》

（美）斯坦利·I·格林斯潘、杰奎琳·萨蒙著，华东师范大学出版社，2011年版。

■本书根据幼儿与生俱来的身体上的特点，确认出5种基本的个性类型：敏感挑剔的幼儿、沉迷自我的幼儿、反抗叛逆的幼儿、注意力不集中的幼儿以及活泼好动/侵略挑衅的幼儿。新教师可以从中了解如何在日常生活的照顾上切合这类幼儿的需求与感受。

二、班级常规
——和孩子们的契约

　　俗话说：没有规矩，不成方圆。一个好的班级常规可以帮助幼儿无形中养成良好的行为习惯，也可以提高教师组织一日活动的质量。幼儿在园一日生活应该有哪些常规要求，在各环节中又是如何具体体现的呢？以下内容可以给予一定的参考。

（一）户外活动

1. 早操

　　对新教师来说，有序地组织二三十个幼儿做早操，确实需要一定的技能技巧。但前提是，教师心中首先对幼儿的行为有一个明晰的规范和要求，才能更有目的性地去培养和指导。

对幼儿的要求	教师的培养策略
▶ 衣着简单，不穿戴一些易影响活动的衣物，不携带小玩意。	▶ 出发之前，提醒幼儿将身上的佩带物或其他影响运动的物品，如矫正视力的眼镜，先取下放在班级里。同时，也可以用儿歌提醒，如："小小佩带物，你先休息会儿，安全运动最重要，回来我再来找你。"
▶ 从活动室到操场的路途中不挤推、不奔跑，有序地走。	▶ 如果班级在一楼，则可直接让幼儿排队跟在自己后面。排队时，可以游戏形式进行，如："小小火车厢，你接我，我接她，快快快，我们就要出发了"。如果班级在二楼或更高楼层，则要特别注意幼儿下楼时的安全。教师要时刻提醒幼儿扶着楼梯走，看着阶梯上的小脚丫，一步一个阶梯，不抢先，不推人，一个接一个。
▶ 按照老师要求，排好操队，做好做操准备。	▶ 到操场上，提醒幼儿排好操队。这时，你可以声音响亮地指挥幼儿，如："前看看、左看看，检查是否对齐了；左右前后把手伸，整整齐齐来做操。" "小青蛙、一二一、跟着口令快对齐，不推不挤排好队，稍息立正要看齐。"
▶ 听从老师指令，跟随广播音乐有节奏地做操。	▶ 教师与幼儿一起听音乐做早操，精神饱满，面带微笑。并不断地随音乐有节奏地念着口令，示范动作，动作到位、规范。
▶ 做完操后，不到处乱跑，回到自己的班级群体。	▶ 早操结束后，要及时提醒幼儿集合，保证幼儿找到自己的班级同伴，并按前来的方式排好队，有序地回到班级。

2. 户外游戏及体育锻炼

在幼儿一日活动中，除早操外，教师还会组织一些户外游戏或体育锻炼。可别忽视了这一活动，如何组织好这些活动，使幼儿既能在其中习得各种行为规范、又能很好锻炼身体，在玩乐过程中收获各种积极的情感体验，是新教师需要面对的又一挑战。

对幼儿的要求	教师的培养策略
▶ 能遵守游戏规则，与同伴一起游戏。	▶ 活动前，向幼儿说明规则，介绍清楚有哪些活动材料，这些材料是大家一起玩，还是自由选择独自玩。
	▶ 材料投放尽量充足，保证每位幼儿都有机会玩。若统一活动，在分发材料时要注意：提醒幼儿不要争抢材料，排好队，一个接一个领材料；也可将材料分放在若干筐里，方便幼儿同时取材料，而不显得拥挤。
▶ 不争抢游戏材料，乐意与同伴分享或轮流玩。	▶ 活动过程中，认真观察幼儿。必要时，也可以一个游戏者的身份参与活动，如："我可以和你一起玩吗?""看看老师是怎么投的。""菲菲，跷跷板一个人好像不好玩哦，找找看哪位小朋友可以和你一起玩。"
▶ 运动或游戏过程中，不随意奔跑、推拉他人。 ▶ 活动过程中，不远离群体，单独行动。	▶ 提醒幼儿走路奔跑要注意四周，不猛跑猛拐，防止互相碰撞。也可以用儿歌提醒幼儿注意活动安全，如："走走走，跳跳跳，户外锻炼空气好，不推不碰做游戏，安全锻炼很重要。"
▶ 活动后，要归还材料。	▶ 活动结束后，提醒幼儿把手上的运动或游戏材料交给教师，并将自己的衣物拿好。

（二）集体学习

幼儿集体学习活动中常规建立的好坏，会直接影响教师的教学及幼儿的学习，也会在无形中影响幼儿今后的学习行为习惯。因此，对幼儿的行为要求要时刻牢记于心，并在平时的学习活动中用各种策略来培养这些行为习惯。

对幼儿的要求	教师的培养策略
▶ 坐姿要自然、端正。 ▶ 乐于倾听他人的观点及想法，不插话，不打断他人，能有序地表达。 ▶ 有想法想表达时，举手示意，让教师知道。 ▶ 学习活动开始后，要仔细倾听教师的安排，不随意与同伴谈话、聊天。 ▶ 在活动过程中，会控制好自己的情绪，不因自己过度兴奋或其他情绪的表现而影响同伴。 ▶ 在活动中需要合作时，能做到协商、轮流、谦让，不争抢材料。 ▶ 用完材料后，能按照教师的要求，将材料整理好，放回原处。	▶ 平时在学习活动过程中，对个别幼儿出现的坐姿问题进行及时教育。学习一些关于坐姿的儿歌，如："小脚平平放在地，后背不弯要挺立。双手搭在双腿上，精神饱满学习棒。"或与幼儿共同讨论坐姿不正确所带来的影响。 ▶ 给幼儿安排座位时，要注意让每一位幼儿都能看清自己，不要背对着幼儿，尽量以圆弧形安排座位。 ▶ 可以先让幼儿观看一些情景表演，教师再提出相应的问题，如："他们在做什么?""是怎样听的?""别人说话时我们在旁边应该怎样听?""应该什么时候再发表自己的看法?"等，再让幼儿一起共同讨论。 ▶ 教师要明白自己对幼儿的要求，分清是对个体提出的要求还是对群体提出的。若是前者，则可以私下和幼儿去说，不要大声说出幼儿的名字；若是后者，则要大声说出要求，让全班幼儿都能听清楚。 ▶ 让幼儿进行小组合作学习时，给予他们自我解决问题的空间，可以建议他们商量一下合作过程中的分工，如："谁负责数经过的建筑物?""谁负责画路线?""谁负责记录?"等。 ▶ 活动结束后，可以儿歌的方式，提醒幼儿整理材料，将材料放回原处。如："小剪刀，手中拿，宝宝剪纸就用它，用完合好放原处。"

（三）室内游戏

幼儿每天进行的室内游戏，不仅可以帮助他们养成一些良好的行为习惯，还能在游戏中发展同伴间的友谊。然而在游戏过程中，往往会出现幼儿玩完玩具后到处乱放、不整理玩具、不遵守游戏规则、争抢玩具等各种不良行为。如何去指导幼儿，让幼儿在游戏活动中习得良好的行为习惯，则成为新教师又一值得关注的问题。

对幼儿的要求	教师的培养策略
▶ 细心使用玩具材料，能爱护它们。 ▶ 用完玩具材料后，能整理并归还。	玩具整理 ▶ 对于小班幼儿，可以将要投放的一些游戏材料，如各式积木、娃娃、汽车等玩具用纸画出它们的轮廓，撕或剪成图片标签，用胶纸粘贴在各橱柜相应的部位，以暗示幼儿整理时应归放到某处。对于中班幼儿，可以将摆放整理玩具的步骤用图片或照片等形式出示，让幼儿明白正确整理玩具的步骤。对于大班幼儿，可以交由幼儿自己讨论建立玩具整理规则。 ▶ 提供一些有关正确整理玩具教育内容的故事录音带或图书，如：《小象要回家》、《红皮球哭了》，供幼儿去听、去阅读。 ▶ 在幼儿玩好玩具后，适当的语言提醒也不可少，如："天黑了，我们的玩具娃娃也该回家了！"

（续表）

对幼儿的要求	教师的培养策略
▶ 遵守游戏规则。 ▶ 不争抢玩具材料或游戏场地。 ▶ 不随意在游戏场地中跑动，干扰他人游戏。	遵守规则 ▶ 教师引导来遵守。其一：教师可以亲自动手画一画、贴一贴，帮幼儿增添一些游戏规则标记。例如，在四人一起玩搭建游戏的软垫旁画上四双小鞋印，说明此处只可以四个人玩，若鞋印上鞋子都放满了，则暗示幼儿要到其他游戏区去玩。还有"娃娃家"、"理发店"、"小医院"、"水果店"等游戏区，都可以为其增添人数标记，让幼儿学会控制自己。其二：针对幼儿出现的诸如争抢玩具等行为，可以及时捕捉教育机会，问幼儿"你经过×××的同意吗？""如果你想玩，先问问×××，看他/她同意不同意，好吗？" ▶ 幼儿讨论共遵守。教师可以抛出问题，让幼儿讨论，并制定规则。如"别人游戏时，总是到处乱跑乱撞，你们是什么感觉？你们觉得应该怎么做？""当别人不经过自己的同意，就抢走自己的玩具，你认为这样对吗？"等等，让幼儿在亲身体会中意识到规则的重要性，自己建立游戏规则。

（四）生活常规

生活常规是幼儿教育中重要的教育内容。幼儿大量的学习都是在生活中进行的。常规培养不仅可以使幼儿形成良好的生活卫生习惯，还可以激发幼儿良好的情绪，促进他们对生活知识和社会知识技能的掌握，增强行为的目的意识，发展自律能力，学习协调与他人、集体的关系，形成群体意识，促进社会性的发展和良好个性品质的形成。

1. 午睡

午睡是幼儿一日生活中不可缺少的环节。然而，在午睡过程中，幼儿会出现各种不良的行为习惯，影响睡眠质量，进而直接影响与偶尔的一日生活、学习乃至身心健康。因此，教师要注重帮助幼儿养成良好的睡眠习惯。对于新教师来说，在帮助幼儿养成良好睡眠习惯方面可能会遇到一些问题，建议从做好睡前准备工作和重视睡眠习惯两方面来入手。

对幼儿的要求	教师的培养策略
▶ 安静入休息室。 ▶ 午睡前根据自己的需要先盥洗和上厕所。	做好睡前准备工作 ▶ 睡前讲个故事或者播放一首舒缓的歌曲。可以用录音机播放故事，也可以自己讲述，甚至还可以让能力强的幼儿给同伴讲；或者选取一些幼儿喜欢的儿歌、播放一些舒缓的曲调。 ▶ 睡前带幼儿出去散散步。在草坪上、在树下，可以和幼儿畅聊看到的、听到、想到的……在大自然的怀抱中呼吸新鲜空气，还有利于食物的消化吸收。

（续表）

对幼儿的要求	教师的培养策略
▶ 按顺序地脱衣、鞋，并折叠好放在固定的位置。 ▶ 睡觉前，将身上或头上的佩戴物取下，放在安全的地方。 ▶ 盖好被子，安静入睡。 ▶ 睡姿良好，不蒙头或吸吮手指。	▶ 教幼儿一些和睡眠有关的儿歌。如："小小床，花花被，上完厕所叠好衣，轻轻闭上小眼睛，安安静静来午睡。""树上的小鸟静悄悄，花园里的小花微微笑，鱼缸里的鱼儿睁大眼，看着我们来睡觉，脱下衣服叠整齐，脚上的鞋子摆摆好，轻轻盖上小花被，舒舒服服睡着了。" ▶ 幼儿进入卧室后，要把门窗关好，窗帘拉好。一是使卧室内光线不刺激；二是保持室内安静，便于幼儿更快地入睡。 ▶ 提醒女孩入睡前把头上的发夹、发绳取下，发夹可以放在教师准备的篮筐里，以免午睡时幼儿玩弄产生危险。 ▶ 可以将幼儿的卧室环境布置一下，张贴一些幽静、富有诗意的图片。 **重视睡眠习惯教育** ▶ 放开手，让幼儿自己脱衣服；如果他们不会，就耐心地给予指导。可以一边帮助幼儿脱衣服，一边教给他们一些儿歌或口诀，如："拉锁扣扣解一解，我把小手藏起来；一手拉着袖袖拽，再拽一下脱出来。" ▶ 要经常性地去观察幼儿的睡姿及睡觉时的行为表现。如有的幼儿睡觉时喜欢蒙着头，或喜欢吮着手指，对于这样一些行为，不要急着强制性地向幼儿灌输一些道理，可以采取一些易被幼儿接受的方式，如讲一些相关的故事。对咬牙齿，说梦话，做噩梦的幼儿，你要及时给予抚慰，像母亲一样，抱着他，说些诸如"宝宝不怕，老师在"之类的安慰话。 ▶ 如果幼儿有尿床习惯，要记得注意提醒他睡觉前如厕排尿，在幼儿睡觉过程中也不能忽视观察。

2. 进餐及吃点心

在进餐及吃点心这一环节，涉及幼儿诸多生活习惯的养成。但是，在此环节中，很多幼儿会出现浪费粮食或追跑嬉闹的现象。这些不良的行为习惯，需要教师在平时给予提醒并教育，使幼儿从小养成良好的进餐习惯。

对幼儿的要求	教师的培养策略
▶ 不浪费粮食。 ▶ 吃饭时，不大声说话或到处跑。 ▶ 一口一口吃，不狼吞虎咽。 ▶ 保持桌面、地面、碗里干净。 ▶ 餐后安静活动，不喧闹、不打闹。	▶ 幼儿进餐或吃点心时，要注意观察。看看哪些幼儿吃饭吃得干净，又讲究卫生，不会在吃饭期间随便跑来跑去，这时，不妨给他一句甜蜜的赞美之语，并将幼儿的表现说出来。如："某某吃饭吃得真干净，桌上、地上一粒米饭也没有，他一口口吃得多香啊！今天我们来请吃饭干净的小朋友当值日生。" ▶ 可以一些易接受的方式告知幼儿吃饭时追跑的不好之处，如肚子会疼、会不消化、会撞到其他小朋友、或会摔倒，让幼儿意识到行为的后果。 ▶ 也可以编制一些儿歌，组织幼儿学习，如学习古诗《悯农》，并向幼儿介绍诗中的含义，让幼儿了解粮食来之不易。 ▶ 也可以讲述与用餐相关的故事，如《大公鸡和漏嘴巴》，讲完之后，组织幼儿讨论故事中的不同角色，启发幼儿爱惜粮食。 ▶ 也可以在用餐的地方贴上一些吃饭时的图片，好行为的图片贴在一旁，不好行为及其带来后果的图片贴在另一旁，让幼儿看到图片后会自觉改正不好的行为。

3. 入厕及盥洗

在入厕和盥洗的生活环节中幼儿也会出现一些不良现象，值得教师去关注，需要教师去帮助幼儿养成良好的行为习惯，在实践过程中让幼儿学会自理。

对幼儿的要求	教师的培养策略
▶ 入厕时要先脱裤后小便，对准便池小便，保持便池周围干净。 ▶ 便后要洗手。 ▶ 不玩水，懂得节约用水。 ▶ 用毛巾擦干手。	▶ 制作或网上下载一些形象化的照片，贴在厕所和盥洗的地方，图片上描述入厕及盥洗时需要注意的问题，如入厕时先将裤子脱下，然后再便，把小脚放在贴有小脚印的地方，不要便在便池外；盥洗的地方贴上洗手步骤的照片，开龙头——湿湿小手——抹抹肥皂——搓搓小手——冲冲小手——甩甩小手——关紧龙头。 ▶ 自己可以编制一些朗朗上口的儿歌，如："水龙头，细水流。小朋友，洗洗手。手心手背洗干净，洗完关上水龙头。"让幼儿在学儿歌的过程中慢慢体验如何洗手。 ▶ 也可以用幼儿的生活经验引导他们理解。如洗完手后，幼儿往往会忘记要擦手，这时，可以把洗手说成给小手洗洗澡，"小手洗过澡，不擦干会生病的"。

（五）自由活动

在幼儿园，自由活动环节往往被教师所忽略。一些教师认为，自由活动就是让幼儿好好玩一下，自己轻松一下，或者做一些准备工作，只要幼儿注意安全，就可以了，往往使得自由活动演变为"放羊式"的活动，因此幼儿的一些不良行为习惯也就逐渐表露出来。所以，对自由活动的常规指导，也是一个值得关注的问题。在活动的计划或安排上，教师需提前做好相应的工作。

对幼儿的要求	教师的培养策略
▶ 不大声喧闹及到处乱跑。	▶ 灵活安排活动区域。一些需要活动空间大的、可能会影响同伴的游戏（如几个幼儿合作扮演游戏）可以放在走廊进行；一些安静的游戏（如绘画、拼图等）和一些热闹的游戏（如民间游戏）要尽量分开。
▶ 不争抢他人玩具材料。	▶ 放权让幼儿自己建立游戏规则。让幼儿在协商的基础上自己建立活动规则，组织幼儿参与诸如："发生争抢游戏场地和材料时，应该怎么做才能让活动继续，又不影响大家？"等的讨论。
▶ 自己的活动不干扰他人。	▶ 及时纠正幼儿的不良行为。注意观察幼儿在活动室的行为，对那些未参与任何活动、到处乱跑的幼儿，可以走到其身旁，轻声地和他聊一聊，如："大家都在玩，你想玩什么呢？老师和你一起玩好不好？""你这样到处跑，会不小心把其他小朋友的东西撞倒的！"

你知道吗？

纪律必须通过自由而实现，这是奉行传统教育方法的人难以理解的一条重要原则。我们并不认为，一个由于人为的约束而像哑巴一样安静、像瘫痪者一样不活动的人就是一个有纪律的人。其实，他是一个被扼杀了个性的人，而不是一个有纪律的人。

我们把一个自主的、在必须遵循某种生活准则时能够控制自己行为的人称作有纪律的人。这样一种主动纪律的概念既不容易被理解，也不容易被应用。但是，它无疑包含一条重要的教育原则。这种原则与传统学校中绝对的、不容讨论、强迫学生一动不动的做法是截然不同的。

——蒙台梭利

推荐书籍：

1.《幼儿好行为养成指导手册》

梁志燊著，北京师范大学出版社，2007年版。

■ 这本书将幼儿好行为的培养分列成生活习惯、礼貌行为、交往行为、分享合作、学习习惯、独立自信六个方面，每个方面均包含相关的教育活动、教育经验、个案指导、创编教材等。

2.《培养幼儿好习惯》

孙宏艳主编，宴红著，北京出版社，2006年版。

■ 这本书分别从学习、生活、交往、品德与心理健康等方面，以幼儿实际生活中出现的不良行为习惯做为真实案例的分析对象，并提供温馨的指导策略。

3.《幼儿良好行为习惯养成方案》

杜长娥著，明天出版社，2005年版。

■ 此书基于大量研究的基础上总结归纳出幼儿良好行为习惯的七种类型，并结合幼儿的年龄特点，提炼出不同年龄段幼儿需养成的行为习惯。

4.《爬上豆蔓看自己》

高美霞著，北京师范大学出版社，2008年版。

■ 这是一本充满感性色彩又令人深思的一线幼儿教师的教育日记，作者详尽地叙述了自己在幼儿园的一日生活以及对日常生活中的各个环节的感悟与反思。

三、幼儿游戏
——欢乐进行时

对幼儿来说，游戏是他们最喜欢、最经常、最必须的活动。尤其是自发性游戏，幼儿在这种游戏过程中能够游刃有余、轻松自然地发挥自身的能力和兴趣。教师还可以引导幼儿在欢乐的游戏活动中进行学习。但同时，如何把握幼儿的游戏对新教师来说却是最困难的工作之一。因此对于新教师而言，如何为幼儿游戏选择和提供恰当的材料、采用必要的干预和支持，是必须了解和掌握的。

（一）游戏的材料投放

教师对游戏的贡献经常是从硬件环境开始的，教师有责任安排环境，确保幼儿有足够的空间、时间和材料进行游戏。作为新教师来说，游戏的空间和时间也许不是你所能决定的，但你却有机会为幼儿提供足够的、适宜的游戏材料。

游戏材料是幼儿游戏的基础，不同的游戏需要不同的材料。以下是从幼儿不同的年龄特点、不同的游戏类型入手，考虑游戏材料的投放与选择。

1. 角色游戏

（1）小班

小班幼儿思维直观形象，游戏主题往往受眼前物品影响，因此要提供形象逼真的玩具和物品，并保证同种类型的数量足够。

■ 娃娃家：投放各类玩具娃娃（年龄娃娃、性格娃娃、民族娃娃、职业娃娃等）、动物玩偶、小家具（桌、椅）、玩具餐具、推车等。因为小班幼儿最喜欢的就是玩娃娃家的游戏，因此需要多一些材料，可以让幼儿同时开几个娃娃家。

■ 医院：医疗用的基本工具和用具，如针筒、药品、医疗桌椅等。

■ 公共汽车：公共汽车是小班阶段最常见的角色游戏之一，其材料很容易提供，只要在活动室里辟出一块长条形的空间，设置一些幼儿使用的小座椅，再加上一个纸制或木制的圆圈（幼儿用来代替方向盘）就可以进行游戏了。

■ 商店：各类商品（可以用食品的空盒代替）、购物篮、各种盒子、纸袋等，以简单为好。

（2）中班

中班幼儿表征思维有所发展，这时可以运用一些与实物原型相似的替代物，适当地减少形象玩具的使用，并注意增加玩具的种类和数量。

■ 娃娃家：中班的娃娃家可以增加一些小家具和装饰品，如床、橱柜、家用电器，以及做菜用的各类水果、蔬菜、点心

模型，和各类炊具（刀、叉、勺）等。

■ 医院：可增加医院的一些设施设备并贴上标识，例如挂号处的牌子、打点滴的吊瓶，以及相应的装扮服饰，如可以提供由成人的白衬衫改制的白大褂、由塑料袋改制的隔离服。

■ 商店：可增加货币和简单的计量用品。如自制纸币、货币类玩具、玩具秤、购物车等。

■ 理发店：可以提供一些理发用具、各种塑料空瓶、以及纸制的镜子等。

■ 还可以根据幼儿的经验或主题增加游戏区，如蛋糕房、地铁（站）等。

（3）大班

大班幼儿自主意识增强，他们希望根据自己的意愿和兴趣来进行游戏，更在乎游戏情节的想象和发展。在没有实物模拟物的情况下，他们会想方设法地寻找替代物来进行游戏。如果找不到直接的替代物，他们往往会通过自行制作来解决。这些制作物都是为了满足游戏情节的发展，至于制作物到底做得怎样，他们并不在乎。因此，除了提供少数现成的玩具外，教师主要提供各种帮助与支持，例如投放各种可利用的物品，鼓励幼儿自制游戏所需的材料，保证游戏顺利开展。

2. 结构游戏

（1）小班

小班幼儿结构游戏的特点是无意堆积、接插，精细动作尚不完善。适合投放大块插塑和彩色积木，并可与形象玩具结合使用。

■ 积木类：以小型积木为主，每班8～10套，数量上应满足每次小组6人、大组15人同时使用。

■ 插塑类：提供多种形状，片状（花片）、块状（乐高）、齿形接插状、管状等。最好保证每班12套。

（2）中班

中班幼儿初步产生造型意识，但目的性不强，对颜色选择不敏感。最好投放原色积木和单色插塑，或分颜色投放，辅之少量形象玩具。

■ 积木类：以中型积木为主，同时辅有小型积木。小型积木每班8～10套，中型每班5套。数量上参照小班。

■ 插塑类：种类和小班类似，数量上应保证每班15套。

■ 螺丝旋钮类：中班可增加此类材料，以木质、塑质为主，6～8盒为宜。可引导幼儿制成塑料自行车等。

（3）大班

大班幼儿的造型意识增强，会选择材料种类和材料颜色，作品较复杂。增加插塑材料以及积木的种类、颜色，还可以提供酸奶瓶或矿泉瓶让幼儿玩拼搭游戏。

■ 积木类：以中型积木为主，同时辅有小型积木、大型积木。小型积木每班8～10套，中型每班5套，大型则根据园内情况或其他班级情况共同使用。

■ 插塑类：大班幼儿注重玩法的多样，数量上应保证每班20套。

■ 螺丝旋钮类：增加材料，以木质、塑质为主，还可增加铁质类。可以引导幼儿多人搭建铁质大吊车等。

3. 沙、水游戏

（1）小班

小班幼儿满足于机械、反复地摆弄容器。所以应多投放多种容器，如塑料漏斗、筛子、沙铲、沙耙、沙中小推车、各类模具（树、小房子、小动物）等。

（2）中班

中班幼儿会参杂想象来摆弄玩具。可以在沙池中增加小型形象玩具，如胶皮小鸭子。还可以通过藏宝游戏激发幼儿的好奇心。

（3）大班

大班幼儿想象力丰富许多，探索欲望强烈。在添加科学的探索材料（平衡器、量杯等标准容器）基础上，引导幼儿探索沙、水的特性。

4. 运动性游戏

（1）小班

小班幼儿仅满足于不断重复的机能性动作练习。适合使用小型单一功能的运动器械。可投放少量功能组合的运动器械，还可

投放预设组合的可移动运动材料。如滑滑梯、攀登架、荡秋千、平衡木、平衡台等。

（2）中、大班

幼儿动作的协调性和身体的平衡性逐步增强，他们不仅仅满足于动作机能的快乐，而且在游戏中会出现合作、想象、创造。这一年龄段的幼儿能够使用大型多功能组合的运动器械，教师可经常带领幼儿到大型器械区玩，也可投放幼儿可移动的运动材料让幼儿自发组合，发展幼儿的想象力、创造力。

（二）游戏的观察记录

许多新教师在幼儿游戏时往往不知所措，有些教师会在幼儿游戏时无所事事，或者为其他活动做准备。其实，对于新教师来说，在幼儿游戏时进行观察是了解幼儿的最佳途径之一，通过游戏时的观察，你能从幼儿自发的行为中了解他（她）的个性倾向、长短处与能力。而这些都会成为你发起教育行为的依据。

但是，究竟观察和记录些什么呢？以下提供了一些常用的游戏观察表格，供新教师参考。

1. 重点观察内容

新教师可以通过观察和记录，了解不同年龄幼儿的游戏特征和水平，如：

■ 运动游戏：幼儿与各种物品交互时动作的灵敏性、协调性、力度、速度等。

■ 结构游戏：幼儿展示作品的复杂程度、手部肌肉的协调性、合作意识等。

■ 角色游戏：幼儿是否自发产生游戏主题和情节发展，使用的材料是否正确或有多种玩法、多种物品替代等。

■ 沙水游戏：幼儿对工具、容器的使用情况以及对沙水各种变化的兴趣、探索情况等。

■ 区角游戏：若是有较明确学习目标的活动区，要关注幼儿学习的专注度及学习的兴趣与方法；若是较开放的活动区，则主要观察幼儿的情绪、对材料的使用和兴趣度。

2. 观察记录

（1）对班级幼儿游戏情况的整体观察和记录

对班级幼儿游戏情况的整体观察和记录有助于教师分析、调整游戏区的创设和游戏材料的投放，并预知游戏区的进一步发展状况。

案例1：角色游戏观察记录

这种记录样式的好处在于，教师能对幼儿参与角色游戏的种类和人数有详细了解，可以将幼儿游戏的内容记录下来，便于活动后反思。但也有一定的不足：即教师缺乏对游戏情节发展的分析，也不能体现出个别幼儿游戏水平的发展状况。

某幼儿园角色游戏观察记录

班级：中五班　　　日期：4月15日　　　幼儿游戏人数：30　　　记录教师：陈老师

角色游戏区	参加人数	内容记录
娃娃家	6	烧饭、购物、招待客人、上班、看病
医院	4	打针、胸透、开刀
理发店	5	烫发、洗发、刮胡子、修理
星巴克咖啡	3	招待、喝咖啡
鞋店	2	给顾客照镜子试鞋
书店	4	广告、叫卖
银行	3	办理业务、小保安
超市	3	收钱、整理货架

案例2：区角活动区观察记录

这种记录主要是针对一段时间内，班级各活动区幼儿参加的人数情况记录。从中教师可以思考以下问题：幼儿主要关注哪些区域；幼儿活动的流动性情况如何。这样的信息可以提示教师根据幼儿的兴趣和流动性，去关注不同活动区材料的投放情况，并且要思考：幼儿为什么不爱去探索区？某个活动区流动性大的原因是各区域的互动不够，还是幼儿专注程度的变化？

某幼儿园区角活动区观察记录

班级：中五班　　　　　　班级人数：30　　　　　　记录教师：陈老师

活 动 区	9月4日 周一	9月7日 周四	9月11日 周一	9月14日 周四
角色区(娃娃家)	7	6	8	7
探索区(认识工具)	3	4	4	5
美工区	5	6	4	2
阅读区	10	5	6	9
绘画区	5	9	8	7

（2）个别幼儿游戏的观察与记录

这种观察记录的形式有助于教师对幼儿游戏行为进行客观记录，并加以分析，给予发展性评价。在"发展评价"一栏，可以打勾或标记层次符号"△"（一般）、"☆"（较好）。当教师对某位幼儿的全部资料进行整理时，就可以在归类后进行综合分析和评价。但是这种游戏分析和评价要求相对较高，对于新教师来说操作有些困难，可以通过不断的练习和理论学习来掌握。

某幼儿园游戏案例观察记录

班级：大一班　　日期：2009年3月20日　　幼儿姓名：佳佳　　记录教师：陈老师

游戏过程实录	游戏行为分析
幼儿先进行分角色(佳佳是护士、豆豆是病人、天颖是医生)，再布置游戏环境(用两把小椅子搭床)。这时，佳佳说："我们要把床围起来！要不病人会摔下来的。"不一会儿场地布置完、准备好了器材，游戏正式开始了。医生给病人做了个手术，护士细心、小心地给病人喂药、打针，为病人盖被子。 医生与病人豆豆发生了争执，医生要求豆豆出院，因为又有新的病人要手术了，而豆豆说自己刚做完手术还不能出院。双方互不相让。佳佳说："医生，病人现在还不能出院，还要进行观察。""可是我还要进行另一个手术呢！""那我们把病人转到病房吧。"病人点点头。 于是医生和护士动手又搭建了一张床，佳佳这时对病人说："你现在可以来这张床上休息。" 小矛盾告一段落，游戏继续进行。	幼儿佳佳在活动中有着较高的游戏水平，能够运用日常生活知识在游戏中，理解病人的情感、懂得体恤他人。 在矛盾处理中，佳佳很聪明地提出恰当的建议解决问题，社会交往能力发展得较好。

发展评价

动作：✓	语言：✓	社会性：✓	想象：	经验：✓	情感：✓

综合建议：

（三）游戏的介入指导

在幼儿游戏过程中，教师主要的工作是进行观察，了解幼儿的游戏动机并分析幼儿的行为水平。同时，当幼儿需要支持和帮助时，教师应适时把握时机，顺应幼儿游戏意愿，介入指导，帮助幼儿延续游戏。新教师比较容易犯的错误，就是以成人的需要和看法去干涉幼儿游戏，或者因为幼儿的表现各异，常常感到手足无措。以下介绍几种幼儿游戏中经常会遇到的情景，以及教师的对策。如果你也遇到相同的情景，可以试试这样做。

1. "×××总是打人!" "××不按游戏要求活动，总是捣乱。"

发生这种情况，你不要直接干预，而要学会当观众。可以在旁边稍做停留观察幼儿能否自行解决纠纷，特别是大班幼儿，更不要匆忙地进行干预。如果幼儿确实无法解决时，再考虑如何介入。情况严重时，可将发生纠纷的幼儿暂时带出活动区进行个别教育，并且安慰受攻击幼儿。游戏结束时引导幼儿对这件事情进行讨论，引导幼儿友好、友善地对待同伴。对于不遵守游戏规则的幼儿，应再次强调游戏规则，规范幼儿游戏行为。

2. "黄老师，你来帮我看看，这个'奶油'怎么也挤不出来了。"

发生这类情况时，你应了解到幼儿遇到的困难，及时进行帮助和解决。对于幼儿在游戏中遇到困难而准备放弃原来构思的游戏情节时，可以问问幼儿发生了什么事情，需要什么帮助，逐步引导其完成作品、延续游戏。

3. 幼儿无所事事地游离于各游戏区，没有固定的游戏活动。

你可以间接介入进行引导。如对其他幼儿说："我想剪头发，可是你们店里的人都很忙，我想请×××(指游离的幼儿)来帮帮我吧，你能帮我把他找来吗?"或者直接和游离的幼儿说："××，可以来帮我洗洗头发吗?"

4. 幼儿的游戏出现消极行为、退缩行为。

你可以直接告诉幼儿某个行为（如幼儿模仿抽烟）是不好的习惯，即时引导纠正。在不影响游戏意愿的前提下提升幼儿经验。例如，娃娃家中的"爸爸"将宝宝头朝下抱着，而且幼儿没有意识到娃娃会有什么不对，这时教师可以进行引导，如对幼儿说："哦，我听见你们家宝宝哭了，怎么了？原来是'爸爸'抱的姿势不舒服，我们换个舒服的姿势抱宝宝吧。"以此引导幼儿。

你知道吗?

　　儿童非常爱好游戏，也应当满足这种爱好。不仅仅应当给儿童游戏的时间，而且应当使儿童的全部生活充满游戏。儿童的全部生活，也就是游戏。

　　游戏在儿童生活中具有极其重要的意义，具有与成人的活动、工作和服务同样重要的意义。儿童在游戏中怎么样，当他长大的时候，他在工作中也多半如此。因此未来活动家的教育，首先要在游戏中开始。

——马卡连柯

推荐书籍：

1. 《教师参考用书—游戏活动》

   朱家雄主编，上海教育出版社，2009年版。

   ■ 本书是上海市幼儿园教师参考用书，主要是以游戏案例的形式来提供教师参考。

2. 《幼儿园游戏教学论》

   刘焱著，中国社会出版社，2006年版。

   ■ 本书阐明了游戏的基本概念与幼儿园游戏的特点，可以使新教师系统地学习游戏理论及实践知识。

3. 《学前教育装备指南》

   叶雁虹、陈庆主编，世界图书出版公司，2008年版。

   ■ 本书系统全面地介绍了学前教育装备方面的内容，尤其是对游戏材料投放的解读非常详细，从安全性、可玩性、功能性方面提供新教师具体的指导。

4. 《小游戏大学问》

   伊莉莎白·琼斯、格雷琴·瑞诺兹著，陶英琪译，南京师范大学出版社，2006年版。

   ■ 本书介绍了教师在支持与提升游戏时所担任的角色，也分析了两种典型儿童在游戏中需要的不同支持。对新教师来说，是理解幼儿游戏以及教师在其中作用不可多得的参考指南。

四、上好一节课
——专业成长的阶梯

　　集体教学活动是幼儿一天生活中必不可少的一项常规活动，也是幼儿教师最基本的工作之一。刚刚投入工作的新教师，怎样才能完成基本的教学任务，尽快提升自己的教学水平呢？这要从认真对待每一次教学活动开始。

（一）认真研读教材内容

　　对于幼儿教师来说，每一次教学活动的具体内容有比较大的选择空间。一般情况下，幼儿园会为教师们提供一些优秀的参考教材，其中有些是当地教育行政部门所规定的，有些是园所自己积累的，有些是在实践中获得良好反馈的，无论是哪种类型，却为教师们提供了教学设计的基本素材。对参考教材充分合理的使用，将会对教学内容的选择和设计起到事半功倍的效果。

　　■ 解读教材时要思考教材中能有效促进幼儿发展的核心价值是什么，教材中的难点和重点如何解决，要带着目的去看教材，有针对性地看，这样才更有效。可以边看边做摘录或者批注，提醒自己要注意的关键问题。

■ 要有意识地抓住自己班幼儿的经验特点，如本班幼儿对哪些内容比较熟悉，对哪些材料幼儿运用得较多，新经验中哪些内容是幼儿比较陌生的等等。并以此为依据来设计教学活动。

■ 教师要给幼儿一滴水，自己则要准备一桶水。教学内容确定之后，你要做的事情就是深入理解教学内容，扩充自己的知识经验，保证给予幼儿的新经验是准确和丰富的。如教学活动"蚯蚓的故事"，教师不仅要熟悉故事本身的内容，还要挖掘故事体现出的中心思想，还要对蚯蚓的生活习性有一个准确的把握。因此，在每一次教学活动之前，你都要围绕教学重点内容，进行相关知识的学习，可以查阅相关图书，还可以运用网络，做好充分的知识准备和应变准备。

（二）了解幼儿经验水平

作为幼儿教师来说，把握幼儿的年龄特征，了解幼儿的经验水平，是设计和组织一节集体教学活动的重要前提。因为只有确定了幼儿头脑当中有什么，才能清楚要给予幼儿的新经验对他们来说是否有意义。但这一点对于新教师来说，确实很有挑战性。可以从以下几方面试试，或许对你有所帮助。

■ 查阅相关资料，熟记幼儿的年龄特征，背诵理解文件中（如《上海市学前教育课程指南》）中关于不同年龄段幼儿

需要理解掌握的关键经验。平时在观察幼儿行为的过程中，尝试将书上提供的经验和幼儿的实际行为联系起来，尽快加深对本班幼儿经验水平的了解。

■ 在集体教学活动前，可以在日常生活活动和区角活动中为幼儿提供多种多样的活动材料，让幼儿带着问题操作，带着目的探索，获得与教学活动相关的有益经验。在这个过程中，要做个有心人，细心地观察并记录幼儿的语言和行为，确定幼儿的经验知识范围。

每次教学活动前，你都要思考幼儿的兴趣和热点是什么，幼儿的当前经验和需要是什么，对于新教师来说，对幼儿的经验水平把握得越好，教学起来就越得心应手。

（三）做好各项准备工作

■ 认真备好课。问问自己是否已将此次活动的教学目标牢记于心，是否记住了教学过程中使用的各种方法，是否记住了每一个教学环节的内容。尽量将你写的详案"背"下来，牢记在心，以保证教学活动的顺利进行。

■ 安排好课上要准备的物品：包括教具和学具，如幼儿操作的材料、多媒体素材、图片、实物等等。要牢记每一样材料的名称和数量，以及材料的摆放位置和出示方式，为教学内容的开展提供有利的保障。

■ 安排好活动的空间布置。如选择幼儿座位排放的形式，调整活动室其他物质环境，如讲述关于"影子"的内容时，窗帘要拉好等等，这些都要根据教学的需要及时安排好。

■ 造成教学秩序混乱的很大原因就是教学现场中教具出现问题，所以教师在准备时一定要做到：熟悉教具的使用；电脑、录音机、电视机等事先调试好；幼儿的操作材料放在最容易取放的地方。

（四）设法吸引幼儿注意

幼儿的注意力维持的时间很短，平时与幼儿建立的感情是吸引幼儿的关键。此外，良好的常规培养也是必要的。你可以试一试这样做：

■ 变一变声音。可以神秘地变换声调，将幼儿的注意力都集中到你的身上。如突然将声音变得低沉浑厚："嗨，大家好，我——是——灰太狼!"

■ 选择与幼儿喜欢的形式导入活动。教学活动可以从猜谜、讲故事、出示教具、营造神秘气氛开始，尽量选择幼儿喜欢的形式，要懂得投其所好！如："我们小一班今天来了一位神秘的朋友，我们听听它的声音，猜猜它是谁?"

■ 让幼儿充分动起来。一会儿让幼儿动口说，一会儿让幼儿动脑筋想，一会儿让幼儿动手做。幼儿在"动"的状态下，自然地就跟上教师的节奏了。在活动中，要设计至少两种以上的教学方法来调动幼儿参与活动的兴趣。要尽量多掌握几

种教法，以便能根据自己的教学目标灵活运用，更好地吸引幼儿的注意。

（五）选择适当的组织形式

教师在活动设计时要考虑选用恰当的组织形式，不一定所有的活动都要以集体形式进行，可以把集体、小组和个别的组织形式灵活组合使用。在选用具体的组织形式时，要分清状况，找准"时机"。

1.情况一：幼儿的年龄不同，组织形式可以不同

托班的活动大部分是个别分散活动，部分为小组活动。从小班开始，多数仍然是个别和小组活动，有少部分集体活动。到了中大班，教师开展集体活动可以多一些，以帮助幼儿提升零散经验。

2.情况二：不同的教学内容，搭配不同的组织形式

不同的教学活动内容的侧重点是不同的。一般情况下，以语言表达与练习、情感态度交流与形成、社会交流与交往为主题的活动更倾向于集体活动形式。而以探索、操作、游戏为主的内容，则更倾向于进行个别、小组活动。

3.情况三：根据幼儿的需要，变换组织形式

当发现大部分幼儿都对某个内容有兴趣、或者他们在某一问题上出现共同的困惑、矛盾，或者他们对某一项探索已经有了

一定的经验准备时，可以集体活动的形式集中归纳整理。而当只有一个或几个幼儿出现独自的兴趣、经验、疑问时，便可以采用个别或小组活动形式。当发现班级出现了几个对教学内容"吃不饱"和"吃不了"的幼儿时，教师就需要用个别或小组的活动形式来支持幼儿的学习。

（六）巧妙提问与应答

1. 在教学过程中，该怎么提问？

■ 备课时要先过滤一下教案中不必要的问题，或者是太封闭的问题。如："故事好听吗?""你们想不想再听一遍故事啊?"也可以将封闭性的问题调整成开放性的问题，如："你们觉得这个故事怎么样?""谁来说说?"等等，先保证你所提的问题让幼儿有话可说。

■ 提问时要将问题表达清楚，语速放慢，让所有幼儿都能清晰地听到你所提的问题，同时目光尽量扫视所有的幼儿。

■ 提问后给幼儿留点适当的思考时间，并以期待的目光鼓励幼儿大胆表达。

2. 幼儿回答后，该怎么回应？

■ 幼儿的回答通常是多种多样的，这就要求教师随机应变，做出回应。

■ 如果幼儿的回答正确或是有新意、有进步，可以用赞赏

的语气重复幼儿的答案，但切记不要一味地用"很棒！""真棒！"来回应；对于回答不理想或一时答不出的情况，可以再重复一次问题。

■ 如果幼儿的答案你听不懂，可以追问："你的回答，我觉得很有意思，能不能说得详细点，再说一遍"。

■ 如果幼儿的表达虽然不清晰，但你能大致理解意思时，可以重复整理幼儿的答案，帮他清晰地表达出来，这样既鼓励了回答者，也能对所有人传达正确的信息。

3. 幼儿提问了，该怎么办？

在集体活动过程中，不仅教师要提问，还要鼓励幼儿大胆提问。

■ 积极关注、认真倾听，并及时表扬。如："我要表扬美美，她非常爱动脑筋，会思考，问的问题真好。"又如："美美问的问题老师也要想一想，谢谢你，提了这么好的问题"等等。

■ 把问题转述给大家，一起寻找问题的答案。教师和幼儿一起讨论，解决问题。如："这个问题，我们要好好想想了，你们谁有好的办法啊?"当幼儿问的问题，你也不知道或者问题很有价值时，你可以实话实说"不知道"，或者留个悬念让大家一起去寻找问题的答案。

你知道吗?

　　教学活动是师幼互动、交往的过程。在最优化的教学过程中，教师的专业素质得到提高，幼儿的身心获得全面发展，师幼的生命价值都得到提升。也就是说，最优化的教学过程展示的是生命的成长、发展过程，教师、幼儿的兴趣、需要在这里得到满足，创造性在这里得到发挥，教师欣然、幼儿畅然，师幼身心都处于愉悦、满足的状态。

——袁爱玲、何秀英《幼儿园教育活动指导策略》

推荐书籍：

1.《聚焦幼儿园教育教学:反思与评价》

刘占兰、廖贻主编，北京师范大学出版社，2007年版。

■ 本书按照教育教学之前、之中、之后的时间顺序与案例研究线索，以一个个生动而具有典型意义的实例，引导教师体会如何根据幼儿不同领域学习的特点反思与改进教学。

2.《幼儿园教育活动指导策略》

袁爱玲、何秀英著，北京师范大学出版社，2007年版。

■ 本书以通俗化、故事化的语言，以丰富的教育案例剖析来说明幼儿园教育活动中的一些理念与方法，可为新教师在组织教育教学活动中提供一系列具体的方法。

3.《幼儿园教师成长手册》

上海市中小学（幼儿园）课程教材改革委员会办公室组编，华东师范大学出版社，2008年版。

■ 本书是一本幼儿教师专业成长的指导手册，书中通过鲜活的案例和具体实用的小贴士，有的放矢地给新教师的教育实践以切实的指导。

4.《走进新教材》

上海市教委教研室编，上海教育出版社，2004年版。

■ 本书是上海市教研室学前教育"新教材试验中心组"的研究成果。书中总结二期课改"新教材"核心价值的研究专题，可为幼儿园教育工作者在教学实践中提供一些参考。新教师可以找一找有没有类似的代表当地教育行政部门教育方向的书籍。

五、日常安全
——消除隐患应对意外

做好对幼儿的日常安全教育及防护，是每一位幼儿教师的重要责任，也是新教师颇为迷惑的环节。在幼儿园一日生活的各环节中最容易发生哪些事故呢？

■ 幼儿在争抢打闹、玩耍过程中出现的抓伤、扭伤和骨折。

■ 幼儿游戏过程中，提拉或用力牵拉引起的脱臼现象。

■ 幼儿间相互拉扯物件时出现的勒伤。

■ 各种尖利玩具材料或墙角及物品尖端引起的戳伤、擦伤或划伤。

■ 幼儿自行离园或外出活动走散而导致的走失。

■ 幼儿自身特殊的先天体质或食品变质引起的突发性中毒事故。

■ 陌生人擅自将幼儿接走而导致幼儿的丢失。

■ 热开水或菜汤而引起的烫伤。

■ 幼儿吞食小物件引起的食管阻塞。

（一）去除事故苗子

有时候往往是一些不起眼的小东西或小细节对幼儿造成了一定的伤害，请新教师注意以下几个方面，避免事故隐患出现。

■ 尽量早到幼儿园，进入教室后，仔细看看今天幼儿要活动的场地有无可能危及安全的问题：活动室内地面是否有易让幼儿滑倒的东西、电源插座是否盖好、器材架上的东西是否摆放稳当、一些易割伤划伤的小工具（剪刀）是否用完后藏好。

■ 如果今天有户外活动，要特别去检查一下户外的草地、大型玩具或沙水区，看看是否有威胁安全的因素，场地上有无遗留一些小野果或其他一些幼儿易吞食的东西和尖锐的物品等。

■ 到不太熟悉的地方活动时，要事先仔细查看场地安全。尤其是角落里、楼梯拐角处等地方。

■ 经常摸摸幼儿的座椅和桌子，看看椅角或桌角是否有木刺会扎手，钉子是否松脱、露出尖角，小椅子是否摇晃不稳等。必要的话给它们套上软皮套或钉上软皮，及时修理或放到远离幼儿的地方去。

■ 请记住在冬天，一张薄薄的纸片也可能会割伤幼儿稚嫩的小手。

（二）细心关注幼儿

幼儿在园的每一分钟，教师都不能放松警惕。年幼儿童根本

不会自我保护，因此，教师对细节的稍许忽视都可能会导致危及幼儿身心健康的事情发生。

1. 关注有无以下情况

（1）对身体特殊幼儿的关注：

■ 班级里哪个幼儿身体不舒服了，哪里不舒服？

■ 家长来园时有什么特别嘱咐？

■ 什么时候给幼儿服药？

■ 她/他服药了吗？

■ 现在状况如何？

（2）对幼儿日常生活的关照

■ 幼儿入厕时，衣裤有没有弄湿？

■ 盥洗室地面是否有水？

■ 进餐时盛汤餐具摆放是否适宜，会不会因幼儿路过而烫伤他们？

■ 午睡时，幼儿有无携带不宜物，如一些易吞物品（果核、石子、小玩具等）？口中有无含有饭菜未下咽？如是两层的小床，幼儿是否能安全攀爬床梯？幼儿入睡后，要不断巡视，注意有无特殊情况。

（3）游戏、运动等活动时的关注

■ 进行体育运动时，幼儿身上是否有一些不宜运动的装饰物

（如发夹、尖细的夹子、长丝巾、带帽绳的帽子等）？

■ 户外活动场地是否足够宽敞，适宜幼儿运动的展开？

■ 游戏或运动中有没有出现幼儿相互争抢器材或场地的现象？

2. 做好安全防护

参照以上这些问题，教师可以尝试依据下面提出的几点建议行动，成为幼儿眼里细心的教师。

■ 仔细查阅幼儿来园时记录家长需求的笔记本，看看哪些幼儿什么时候该服药，确认幼儿服药的时间以及这些药品是否经过幼儿园保健教师的审核。

■ 幼儿盥洗后地上留下的残水，及时用拖把拖干净。可制作一些生动形象的标签，防止幼儿入厕时滑倒。

■ 进餐时，要特别防止热汤热菜烫到幼儿，夏天尤其如此。在幼儿进食时不要催促，以防食物噎着喉咙。

■ 午睡时，不要做其他事情，时刻对幼儿的午睡情况进行巡回查看。关注幼儿是否因为玩小东西而睡不着，或者出现蒙头睡、拆线绳、钻到被套里等危险行为。幼儿睡时有无身体不舒服，如发烧、盗汗等其他情况，情况严重者要及时联系保健教师并送医院。

■ 晨间活动或户外体育运动、游戏时，幼儿应穿着简单，身上尽量不要佩戴装饰物，包括帽子（尤其是带有冒绳的帽子）、围巾（长纱巾）、发夹等。

■ 户外活动时，要及时检查幼儿人数，以防因幼儿擅自离园

或独自一人活动带来的安全隐患。

■ 对平时比较顽皮、孤僻或行为特殊、发育迟缓的幼儿更应加强关注。

（三）夯实安全教育

教师除了为幼儿提供安全的环境，还要让幼儿形成安全意识，培养幼儿自我保护的能力，新教师可以试一试这样做：

■ 了解幼儿在班级里经常会发生的伤害事故，并牢记在心。在区角里建立一个安全教育栏，将平时要注意的一些小细节图片贴在里面，起到提醒的作用。

■ 编制一些与安全有关的儿歌，在学念儿歌的过程中，让幼儿意识到要注意的安全问题。

■ 外出活动时，预先告诉幼儿一些基本的安全规则和交通安全规则，例如："不吃陌生人的东西，不随便跟着陌生人走"，"眼睛不要离开老师"等等。也可以教幼儿一些儿歌，让他们记住这些规则，如："小眼睛，看仔细，红灯停，绿灯行，安安全全过马路"。

（四）周密外出活动

教师经常会带幼儿出园活动，如春游、参观、看电影等，此时也最容易出现一些安全问题，新教师可以从以下几个方面做准备。

1. 行前准备

■ 出发前，告诉与偶尔要遵守交通规则、不单独行动、不触摸危险设施、不吃陌生人食品等。同时，也可以向幼儿讲清楚应该如何过马路，可能会碰到什么问题，如果碰到问题该怎么办？出发前还应和搭班教师做好分工、共同配合。

■ 提前对外出场所做个了解。如：有哪些地方对幼儿较为危险；如果出了危险，到哪里可以得到及时救治。

■ 准备好一些常用药物，以备万一出事时使用。

■ 联系好参与此次外出活动的其他教师，事前沟通好活动的安排及注意事项。

■ 请家长帮助幼儿准备好应急时的联系方式（如电话、地址、姓名等），以备不时之需。

■ 对中大班幼儿进行"走失后怎么办"的安全教育。

2. 行往途中

■ 带幼儿过马路时，自己要做好榜样，不要随意闯红灯。

■ 出行时，应尽量选择避开车流高峰期。

■ 一定要确定路上没有车子过来再带幼儿过马路，若车辆过多，宁愿多等几分钟。

■ 过马路时，双眼在看红绿灯或来往车辆时，不要忘了身边的幼儿。若自己照顾不过来，一定要找几个路人或者交警协

助自己，让幼儿安全过马路。

■ 若乘坐车辆，首先要对租用车辆进行必要的安全检查，排除安全隐患。

■ 乘车时，教育幼儿不可将头和手伸出窗外，在车上不大声喧哗，不在车上玩耍和跑动，不跪、站在座椅上。要扶好车把，或背靠椅背坐好，不玩弄车窗和车门。

3. 到达目的地

■ 在事先对环境作了了解的基础上，告诉幼儿不要去那些危险之地，如池塘、高坡、其他人员集中地带。

■ 记得把此次活动的目的和要求告诉幼儿，让幼儿知道自己接下来要做什么，以防幼儿随意活动离开集体。

■ 为了防止幼儿走散，可以让幼儿手牵着手走路。

4. 活动过程中

■ 活动过程中，要注意时刻关注幼儿，清点幼儿人数，尤其是上完厕所、转弯后及上下车时，看有没有幼儿走散了。

■ 在幼儿活动时，也要时不时去查看一下危险地带有无幼儿在，若有，则要及时将幼儿带回集体。

■ 时刻提醒幼儿不要去采摘野外的花草树木、野果，以免发生意外中毒或过敏、远离队伍等情况。

■ 远离危险刺激的游乐活动，如过山车、海盗船。

5. 活动结束后

■ 活动结束后，及时清点幼儿人数，看是否所有幼儿都在，清点人数的工作可随时进行的。

■ 在组织幼儿时，可以帮他们整理衣裤，顺便摸摸衣裤口袋，看是否携带了游玩场所捡拾的异物。

■ 看看、问问，了解有无幼儿身体不舒服，防止外出时不小心造成的皮肤过敏。

（五）认真交接班级

在幼儿园工作中，交接班这一环节是每位教师都需要认真对待的，一些不必要的麻烦可能就是由于自己在交接工作中疏忽而导致的。

■ 上下午班、夜班教师要相互沟通，及时交换情况，对在工作中存在的问题进行分析，研究出解决的办法。

■ 交班教师必须认真填写交接班记录，将在岗时间的主要工作内容及未尽事宜交待清楚；接班教师要仔细核对幼儿人数，认真检查每一个幼儿的身体状况。

新教师可以参考以下表格中提供的信息，在交接班时做到心中有数，手中不慌。

交班内容	注意要点
1. 人数及出勤、缺勤情况	▶ 在交接班前后核对本班幼儿人数是否一致。 ▶ 清楚今天班级幼儿出勤多少，对未到幼儿，交班教师要向接班教师口头说明原因。
2. 情绪及健康状况	▶ 哪些幼儿有情绪不好，身体不舒服等情况，对这些需特别留意的幼儿，交班教师要向接班教师说明清楚。
3. 带药情况及对体弱儿照顾	▶ 班级有哪些幼儿带药到园、什么药、什么时候该服药以及这些药品是否经过保健教师的审核；哪些幼儿身体不是很好，要特别照顾。交班教师除了在交接记录表上登记，也要注意口头提醒接班教师，以免忘记。
4. 幼儿进食情况	▶ 在进餐时，有哪些幼儿不想吃，或没吃，是什么原因。
5. 教育教学情况、活动情况	▶ 教育活动及其他活动中，有没有一些特别需要交代的事情，都要向接班教师交代清楚。
6. 有无事故发生（包括小伤、破皮情况）	▶ 在交班之前，是否发生了一些小事故，如果发生了，现在情况怎样？有无给予一定的处理，接班教师需要注意些什么？如×××小手被碰伤，已被包扎好了，就需要交代接班教师，注意不要让水沾湿了幼儿的手。
7. 家长的特别嘱咐	▶ 来园时，家长有无特别的嘱咐。如家长今天不能来接幼儿，让幼儿的舅舅来接，那么交班教师就要向接班教师交代清楚，防止陌生人接走幼儿。

（六）应对伤害事故

虽然做好了所有的防护工作，但幼儿难免还是会发生了一些伤害事故，这时教师该怎么处理呢？

第一步：稳定心绪

当幼儿发生伤害事故时，千万别慌张；稳定自己的心情，放下手头工作，立即进行处理。

第二步：检查伤势

不要急于移动或抱起幼儿，看看幼儿伤势如何，是小擦伤、扭伤还是其他一些情况。如果自己无法判断，则要立即联系园领导或保健教师及其他可能帮助到你的同事。

第三步：临时处理

如果幼儿发生的是一些小伤，如磕伤、擦伤等，可带幼儿到保健室，让保健教师来处理。如果幼儿的伤势严重，不能随便移动时，则立即联系医院，由专业医生在现场进行急救处理。

第四步：送往医院

对于伤势严重的幼儿，在急救完后，要立即送往医院，以免耽误及时治疗。

第五：通知家长

幼儿发生事故后，一定要记得在第一时间通知家长，把事情的来龙去脉、幼儿的伤势情况等向家长讲清楚。等家长心情稳定后，再向家长表示自己的歉意。

切记的是，在做以上各项事情时，不能将班级的其他幼儿抛在一边，一定要请其他教师，最好是搭班教师协助带好。

你知道吗？

教教幼儿避开危险

▶ 上下楼梯要依次靠右走。

▶ 不玩火，不燃放烟花爆竹。

▶ 不碰电插座，远离热源。

▶ 看见打碎的玻璃器皿，不用手去捡。

▶ 不吃陌生人递来的食物，不跟他走。

▶ 不单独在家。

▶ 不攀爬门窗。

——上海中小学课程教材改革委员会《幼儿园教师参考用书生活活动》

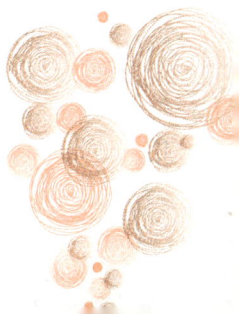

推荐书籍：

1.《儿童急症救助》

沈晓明主审，江帆、王莹主编，人民卫生出版社，2007年版。

■ 上海市"护苗计划"项目，即"上海市托幼机构工作人员急症救助培训"，主要培训教材，针对儿童各种意外伤害事故及其急救处理做了详细的论述，对幼儿园教师及保育员的工作具有极大的参考价值。

2.《儿童安全与急救手册》

许积德、顾菊美著，上海科学技术出版社，2006年版。

■ 这本书阐释了儿童意外损伤的原因及不同年龄段意外损伤的特点，介绍了日常生活中较常见的一些意外损伤，并介绍了相应的急救措施及教会幼儿如何自救、自护。

3.《幼儿生活安全教育宝典》

陆克俭主编，江苏教育出版社，2010年版。

■ 此书全面、细致地对幼儿安全教育进行了介绍和分析，并提出了行之有效的建议和方法，对幼儿教师在实践中实施安全教育具有一定的借鉴作用。

4.《安全标志我会认》

申桂红著，连环画出版社，2006年版。

■ 此书面向的对象主要是家长，但涉及的一些问题同样也是幼儿教师需要澄清和了解的。家长及教师可依照书中提示的内容，对幼儿进行安全教育。

六、离园接待
——给孩子一个愉快的尾声

一天的活动快结束了，到了幼儿该离园的时候了。不过，可不要觉得今天就这样过去了，离园也是一项重要的工作，它与来园接待一样，是教师与幼儿、家长建立良好关系的好机会。

（一）离园准备

在家长来接幼儿之前，你要留出一段时间尽快地为离园做好各种准备。

■ 整理幼儿的仪表。可以问问幼儿："请大家看看自己的衣服和鞋子穿整齐了吗?内衣塞到裤子里了吗?"你可以再一次帮他们拉好裤子、塞好衣服、纠正好穿错的鞋子。

■ 给女孩子梳一下头发，偶尔设计一个新发型。让幼儿的头发看起来整洁又清爽。

■ 提醒幼儿在吃完点心后擦嘴、洗手，看看幼儿的小脸蛋是否干净，有没有吃东西留下的渣渣，帮幼儿洗干净，使小脸保持白净。

■ 安排适宜、较为安静的活动，避免发生意外事故。

■ 离园的时候，家长们往往一窝蜂拥到活动室门口。此时，你最好站在门边，这样既关注到活动室里等待的幼儿，又关注到来接幼儿的家长。

■ 在家长来将幼儿带走之前，一定要让幼儿始终在你的视线之内，保证安全。

（二）利用离园时间

在家长到来之前的这段时间，很多教师只是让幼儿看看电视或是玩玩桌面游戏。其实利用好离园这段时间，可以对幼儿进行更有效的教育。

这里有一些例子可供你参考：

■ 区角活动：让幼儿根据自己的喜好选择区角活动，充分发挥他们的积极性和主动性。

■ 表扬与鼓励：让幼儿在一天活动结束后，对自己或他人做一个评价，让幼儿说说某某哪方面做得好，这样做让幼儿感觉到自己可以参与到班级建设中，提升他们的责任感。切忌在离园前对幼儿进行批评教育。

■ 交流谈心：为幼儿提供一个舒适的交流环境，引导幼儿之间或幼儿与教师之间展开交流，拉近师生间的距离，与每个幼儿成为朋友。

■ 活动延伸：可以结合主题活动或当天的教育活动来开展一些相应的活动。如可以让幼儿运用一些小道具来说故事、表演故事。在表演中，锻炼幼儿对语言的学习和掌握。

■ 回忆一天的生活：家长们在接到幼儿的第一个问题往往是：今天在幼儿园做了什么？学了什么？所以，可以利用离园这段时间和幼儿一起回忆一天的生活，帮助他们记住这天做的主要事情。这样还培养了幼儿归纳、整理的良好思维习惯和语言表述能力。在回忆一天生活的时候还可以结合幼儿的表现，给予幼儿鼓励，提出希望。

■ 个别交谈：平时你也许很少有时间和个别幼儿进行深谈，离园时，可以带幼儿找一个安静的地方谈心，有时还可以与家长、幼儿一起谈谈，效果会更好。另外，还可以对在某些方面有明显差异的幼儿进行个别辅导。

■ 休闲活动：一起弹弹琴，唱唱歌。家长非常喜欢听到幼儿的歌声。

■ 阅读活动：一起阅读，讲故事。家长也很喜欢，而且开展阅读活动有助于稳定幼儿的情绪，高高兴兴地等待家长到来。

请记住，在离园的时候要调节幼儿的情绪，给幼儿一种轻松、愉快的感觉，音乐活动、趣味游戏、玩具拼搭都是不错的选择，幼儿人人参与、个个开心。

（三）与家长交谈

到了家长来接幼儿的时候，看着幼儿像小鸟一样飞奔到家长的怀里，你一定也感到很高兴。在高兴之余，可别忘了要做以下的工作：

■ 主动与家长、幼儿道别。可以与幼儿进行简短的交流，蹲下来，轻轻地拥抱一下幼儿，说一句："宝宝真乖！再见，明天老师在这儿等你。"一句轻轻的表扬，一个亲昵的抚摸，让幼儿觉得教师像妈妈一样亲。

■ 对家长交代发生的事情。例如运动过程中出现的幼儿皮肤上的划痕、小伤口。除了及时给幼儿消毒、擦药以外，离园时必须如实告诉家长事件的经过，并表示歉意，切忌隐瞒。还可以和家长说说幼儿在幼儿园发生的小趣事和学习情况，让家长感受到你对幼儿的关注。与家长及时坦诚的沟通可以赢得家长对你的信任。

■ 可以适时提出幼儿的不足，简要分析其原因，介绍一些正确的育儿观念和方法或相约深谈的时间。

■ 与家长交谈时不要用"告知式"的谈话方法，避免家长觉得教师不尊重他，进而产生抵触情绪。对于家长的某些建议，有选择地采纳并做好解释，避免直接说"不"。

■ 提醒幼儿带好自己的物品，如果发生家长发现幼儿玩具、衣物不见的情况时，要积极回应，让家长感受到教师工作的细心和认真。

■ 与个别需要沟通的家长进行简短的交流，或是与他们约另外时间交谈，避免对其他家长的忽视。

■ 对于家长请教的一些问题，若是来不及回答可以先记录下来，利用工作之余或是下班后的时间给家长解答，在来园或离园的时候交给他们，这样就不会让家长觉得教师在敷衍他们。

（四）检查整理

■ 在家长都接完幼儿后，还有最后一步工作。记得检查活动室是否已经整理完毕，水、电、门窗是否已经关上。

■ 还要检查全天用的教玩具是否整理收拾好了，第二天要用的教材教具是否已经准备完善。

做完这些，你就可以高兴地走出活动室，今天的工作已经结束了！

你知道吗？

离园环节的安全隐患及对策

安全隐患一： 有的幼儿由于家长未来接，想家心切而产生"妈妈是不是不来了"的不安全感，于是独自离开幼儿园。

▶ **对策：** 教师可在离园前观察幼儿的情绪，如有幼儿情绪低落、反常、焦虑，应及时安慰、鼓励，问明原因。在接待家长，无法顾及每一个幼儿的时候，可将其牵在手里，边接待家长，边安慰他(她)；或者帮其找一个能力较强的好朋友一起游戏，以排除其不良情绪。

安全隐患二： 部分家长自己临时有事，于是委托亲戚朋友或未成年人来接。

▶ **对策：** 教师应当向代接的人说明情况，请其出示接送证外还要说出代接的有效证据(字条等)，如无有效证明，可打电话询问，同时告知该家长，下次如有相同情况，应有签名纸条或电话告知。如果是未成年人，不应让其代接。

安全隐患三： 有的幼儿乘教师不注意，在室内追逐打闹，发生事故。

▶ **对策：** 教师应及时制止，并安排幼儿玩一些安静的桌面游戏等。

推荐书籍：

1.《幼儿园快乐与发展课程教师指导用书》

幼儿园快乐与发展课程编写组编，北京师范大学出版社，2007年版。

■ 这套系列丛书分为小，中，大班三个阶段，每本书中都列出了教师在离园时间可以为不同年龄阶段的幼儿所组织的不同类型的活动。

2.《活动·习惯》

华明园主编，朝华出版社，2008年版。

■ 本套读本按幼儿园教学体系以及便于家教编写，分三个年龄段，其中包含：健康、安全、活动、习惯、品格、礼仪六大主题。里面有专门针对离园活动所涉及的活动篇，可以为新教师提供一些参考。

3.《幼儿教师88个成功的教育细节》

(美)格温·斯奈德·科特曼著、李旭晴译，华东师范大学出版社，2010年版。

■ 这本书不仅仅写到幼儿教师如何着装的问题，还主要提供了88个幼儿教师与孩子、家长相处的细节的案例及分析，其中也有关于离园环节的内容。是非常实用、具有可读性的指导手册。

第四章

成为成熟的教师

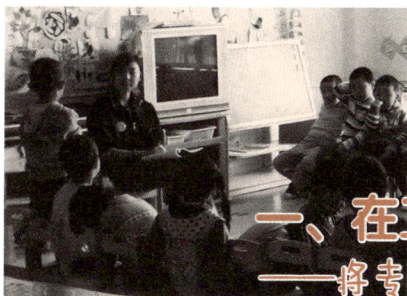

一、在工作中思考
——将专业提升进行到底

正如英国教育家贝克汉姆所说："教师拥有研究的机会，如果他们抓住这种机会，不仅能有力迅速地发展教学技能，而且也将赋予教师的个人工作以生命和尊严。"参与幼儿园的教研活动是新教师快速提升保教能力的极好途径。新教师应该如何做才能在这一过程中得到快速、良好的个人教育教学能力的提升，以下几点也许具有参考价值。

（一）参与教研活动

1. 对教研活动的态度

■ 保持高度的研究兴趣。

■ 选择符合自己兴趣的研究课题。

■ 有意锻炼、培养研究意识，经常思考与阅读。

■ 认识到教研与保教活动共促进。

2、准备工作

新教师无疑是有参与教研活动资格的，但是作为初来乍到的

新手，需要时间来适应和融入教研活动，做好以下准备工作也许可以帮助你快速"热身"。

■ 了解内容。参与教研活动之前要对所参加的教研组活动或本次教研内容有所了解，是对某个课题进行讨论，还是对某个教学活动进行分析等，这样在参与教研活动时可以不让自己"置身事外"。

■ 对话自身。这是一种很好的思维方式，在事先了解教研内容之后，相信自己也一定产生了一些想法与思考，问问自己对教研活动中的哪个问题感兴趣？对自己将要做的工作做一个预期，那么在参加研讨时便可以很快地涌出新问题和新想法。

3、参加讨论

在参加教研活动的讨论中，因为是新手，没有被邀请发言之前，不可冒冒然提出自己的意见，一定要对"前辈"表现出尊重。

■ 听。听大家的理解、认识，并比较与自己的想法有何不同，也许哪位教师的某句话，就能点开自己的"疑点"，使自己产生"顿悟"。

■ 说。适时地提出自己的观点，与教师们交谈、讨论、辨析，使问题越辩越明。另外，阐明自己的观点需要正确方式，提出自己观点的同时不要对他人的观点评头论足，要懂得尊重他人的观点与成果。

■ 问。当听了大家的想法后，还是无法解决自己头脑中的问题时，最好在获得允许后再进行请教。

（二）随时撰写教养笔记

教养笔记可以说是幼儿园教师的教育随笔，用来记录幼儿在幼儿园生活中教师认为有价值的小案例，以此来了解幼儿的特点、能力水平和兴趣需要，以及自己的保教工作，并作为改进工作的依据。教养笔记不需要固定的格式，只要把自己的所见、所闻、所思，把幼儿真实的情况移到自己的笔下、移到自己的手指间、移到自己的硬盘中便可以了。你不用为了内容逻辑费脑筋，也不用想方设法显示文采。

在第一次写教养笔记时可以先像"记账"似的，从描述一个小的情景片段开始，相信应该难不倒有着多年作文经验的你。但教养笔记也不用长篇大论，只要把案例生动具体地描述出来即可。为了不让教养笔记像流水账，你可以从观察到的事件里挖掘背后的一些价值和启示。所以，描述完一些场景后，还要再加上一些自己的想法和评价，这样基本上就能达标了。

为了让教养笔记写得更好，还可以试试以下几步，可能会对你有所帮助：

1. 采他山之玉

■ 可以看一下带教教师是怎么记录幼儿行为、撰写教养笔记的，先从模仿他人的风格开始，找一个模板做练习，再慢慢地形成自己的风格。

■ 多浏览一下幼教杂志和网站上的随笔，看看别人是怎样提

炼自己的观点的。有意识地摘记一些别人撰写教养笔记的风格、类型、格式等等。

2. 攻自家之石

■ 自己记录的笔记不要写完了就放到一边，要养成"回头看"的习惯。大声地读一读、仔细地看一看，或许就会有新的想法，可以增添新的内容。在这样反复"磨"的过程中，无论是教育观念还是写作技巧上都会有大的提高。

■ 给带教教师或者搭班教师看一看自己写的笔记，可以从别人的建议中收获经验，要善于听取他人意见，并及时落实到自己的行为中去。

■ 把写完的教养笔记保存好，可以为幼儿的成长记录袋提供依据。

■ 养成记日志的习惯，可以在网上用博客来写，也可以在工作中及时记录。如果实在没有时间，也可以到周末时回顾一下这一周有没有记忆深刻的事情，赶紧记下来。

教养随笔案例

老师，你会扫地吗？

一天午饭后，孩子们在玩桌面游戏。我发现伟霖桌下面有洒落的米饭，可能是郭老师扫地时没扫干净，我一边想着一边拿来扫帚扫地。正在这时，坐在旁边的铧锐突然问道："老师，你会扫地吗？"看着孩子诧异的目光，我一怔，但马上明白了，平时主班老师只负责组织教学活动，诸如扫地、擦桌子、擦窗等清洁工作，都由保育员郭老师去做，孩子们没有看见过我扫地，难怪有这么好奇的一问。

看似幼稚的问话，实际反映出了我工作中存在的问题，我认真地反思着自己：教师的榜样做得如何，如何培养孩子们爱劳动的好品质呢？现在我认识到，主班老师不能认为自己只负责教学，其他事情都该由保育员老师去做。传授知识及培养良好习惯，幼儿园人人都是施教者，所以，主班老师和保育员老师在工作中既有分工，更需要合作，保教一体，相互配合才能把工作做好。

　　我平时教育孩子们要爱劳动，却忽略了自身对孩子们的影响，甚至很少在孩子们面前参与劳动，就连扫地这样的事情都让孩子看在眼里，提出疑问，严重地影响到教育的说服力。只有说教而没有身教，我深感惭愧。

　　此后，我在日常工作中在搞好教学的同时，常协助保育员老师做些事情，潜移默化地影响着孩子们。我在集体教育活动中，增设了劳动课，教他们擦桌子、椅子。我又开始培养小小值日生，让每个孩子都有参加劳动实践的机会，并要求他们在家也要做些力所能及的事情，家长很配合。春暖花开的季节，我教孩子们为自然角的植物浇水、松土，在我们的精心照顾下，自然角的花开得更加艳丽。

　　现在，爱劳动的行为在孩子们身上体现得越来越多了。老师是孩子们的一面镜子。通过我们的施教和榜样的力量，让孩子们看到真善美，健康成长，教师自身也在施教的同时成长着。

（许莉敏）

（三）进行自我反思

看看幼儿园对教学反思有哪些要求，才能针对性地进行反思。如某一所幼儿园规定新教师上完课要进行"反思八问"：

1. 教学活动前的准备做好了吗？

2. 活动中我组织的教学效果如何？

3. 幼儿参与活动的积极性如何？

4. 活动中有哪些比较精彩的片段？

5. 活动中我投入激情了吗？

6. 活动中师幼互动的有效性如何？

7. 我的活动设计在教学中得到落实了吗？

8. 明天我要做哪些工作？

你知道吗？

教师的反思方法

▶ 内省式反思：即通过自我反省的方式来进行反思。

▶ 学习式反思：即通过理论学习或通过理论对照进行反思。

▶ 交流式反思：即通过日常或科研活动中与他人的交流来进行反思。

▶ 研究式反思：即通过在教育教学中进行行动研究或参加课题研究来进行反思。

▶ 经验记录式反思：即通过撰写教养笔记、经验总结、反思札记、成长自传文字材料进行反思。

▶ 儿童反馈式反思：即通过观察儿童的表现和与幼儿交流来进行反思。

▶ 剖析典型式反思：即通过对教育家或优秀教师典型的剖析来进行反思。

——朱小娟《幼儿教师反思能力培养研究》

推荐书籍：

1.《给幼儿园教师的建议》

朱家雄、孙亚军编，华东师范大学出版社，2010年版。

■ 本书各篇文章的作者以幼儿园一线教师为主，汇集他们对日常工作的经验提升，组合成这本"建议"集，全面涉及了幼儿教师专业成长的各个方面。

2.《教师的20项修炼》

郭元祥著，华东师范大学出版社，2008年版。

■ 这本书引领教师体悟"教育人生"，从细节入手，解读了教师提升素质的有效途径，描绘了有活力的教育生活方式。

3.《在反思中成长》

张燕著，北京师范大学出版社，2007年版。

■ 本书是以个人的方式描述、记录自己的教育教学过程中特定的教育情景、事件，以及其中相互作用的人际关系，并加以分析、思考。

4.《幼儿教师反思能力培养研究》

朱小娟著，教育科学出版社，2008年版。

■ 这本书中主要阐述培养教师自主反思的意识与能力，促进教师专业成长是幼儿园进一步提高教师素质的现实要求，其中提供了一些关于教学活动反思的案例（第104～183页可供参考）。

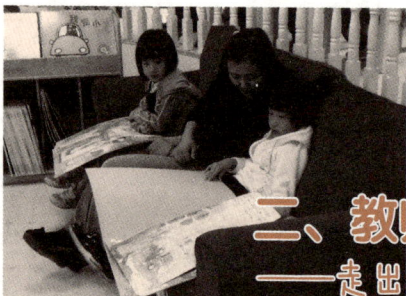

二、教师职业专业化
——走出不一样的发展之路

教师职业成为专门职业，是教师教育和教师发展所追求的方向。它既是教师群体为之努力和奋斗的过程，也是每一位新教师自身自主的追求。它是教师在自身的整个职业生涯中，通过终身教育训练、获得教育专业知识、实现专业自主、不断提高专业素质，继而成为一名好教师的过程。

（一）测测你的职业认同

教师职业认同是指教师对自己所从事的教师职业，在内心里认为它有价值、有意义，并能从中找到乐趣。职业认同不仅关系着教师自身的未来发展，也会对幼儿未来起到长远而不可逆转的影响。因此，新教师尤其需要建构自身的职业认同。

怎样确定你对自己的职业认同有多高呢？现在有很多心理测试可以测试你的职业认同感，以下是一个小小的测试，从这里你可以得到自己的职业认同值，并得到相应的解释及建议。

职业认同感小测验

看一看这些问题是否符合你的情况，根据下列标准给自己打分：

1=完全不符合　　　2=偶尔符合　　　3=比较符合

4=基本符合　　　5=完全符合

1. 我教学的目标就是希望幼儿对活动感兴趣。

2. 让家长满意是我工作追求的目标。

3. 做幼儿教师令我觉得自豪。

4. 和幼儿在一起让我感到做幼儿教师很幸福。

5. 教研活动或业务学习中，我愿意发言。

6. 我会花费心思准备日常教学活动材料。

7. 我能和搭班教师互相协调好班级的工作。

8. 在工作中遇到困难时，我总相信自己有能力解决。

9. 我正考虑换一种职业。

10. 我不理解为什么有的幼儿教师会对工作那么执着。

11. 如果工作中遇到困难，我很少主动请教同事。

12. 我经常与其他教师互相交流教学困惑。

记分时，请对第9、10、11题进行反向计分，如选择的是1，就打5分；选择2，打4分；选择4，打2分；选择5打1分。剩余题目计分标准保持不变。然后把12个问题的得分相加。

高于40分的人，说明职业认同感很高，低于40分，则说明他的职业认同感处于形成中。

（二）发现自己的优势

进入到学前教育专业领域内，你可能跃跃欲试，也可能紧张无措，在这之前，你要问问自己"我能做什么。"我们可以先来做一份调查，做完以后，也许你就会发现自己的优势。

- 我的音乐能力很好。
- 我的外语水平不错。
- 我的舞蹈能力很好。
- 我的绘画水平不错。
- 我是体育专业的学生。
- 我的语言能力较强。
- 我很能写作。
- 我的思维逻辑性很强。
- 我很喜欢孩子。

……

上面几项有没有你拥有的优势或才能？

如果有，恭喜你！你可以在幼儿园里发挥你的才能，弥补你的不足。如果上面几项中没有提到你的才能，也没有关系。

找出自己的才能并让它用在学前领域里吧！如果你不是学前教育专业毕业，而是音乐专业毕业的，很好，幼儿的音乐活动，你可以组织得更好，六一儿童节的排练也一定少不了你；如果你是物理（生物）专业毕业的，解答幼儿的"十万个为什么"可是你的强项。

由于幼儿园教育的内容呈现出多元化的发展态势，就需要多层次、多样化的幼教专业人才。无论你是什么专业毕业的，英语也好、艺术也好、体育也好，生物也好，这个领域需要有不同专长的幼教人才。所以，找到你的优势，使之学有所长，充分发展个性，投入到幼儿教育中来吧。

（三）了解自身的不足

作为一名幼儿教师需要了解和掌握学前教育的基础知识，了解学前教育发展动向和最新研究成果。教师对幼儿的教育内容，涉及到自然、社会、语言、艺术、健康等各个领域，还需要有广阔的多学科知识和教育艺术才能胜任。另外，幼儿教师还要有观察和了解幼儿、组织管理班级、沟通和教育研究等等能力。

看了以上的这些内容，是否一下子毫无头绪？试试通过以下一些途径来获取这些知识、培养自己的能力。

1. 向专业领域进军，进行系统的学习

可以在业余时间多读一些专业书籍杂志，《幼儿教育》、

《学前教育》、《学前教育研究》、《上海托幼》等，都是很好的选择。从中你可以了解和学习到学前教育的理论和最新信息。还可以多与老教师沟通学习，从她们那里得到专业知识。工作之余参加一些幼儿教师培训班，如新教师培训，有关幼教的研讨学习，音乐、美术技能技巧的学习等等，通过这些来提高自身素质，使自己拥有成为一名专业幼儿教师的知识和能力。

如果你现在的学历还是专科的话，可以参加学前教育的专升本学历进修；如果你已经具有本科学历，可以参加学前教育专业教育硕士课程或第二学位的学习。

2. 花更多的精力和时间进行学习

是不是觉得每天的工作已经很忙碌，很繁重了？如何挤出更多的时间进行学习呢？这里有一些小方法可以供你参考。

■ 对于幼儿园的新教师来说，忙碌和繁重的工作压力之下，你要有意识地抓住园内外开展各种活动的机会。如跟教学习的机会、参加专业培训活动的机会、参加幼儿园验收之类的机会等。作为一名新教师，在这些实践活动中，有许多内容是可以观察和学习的，包括自身如何参与，包括观察别人如何参与等，都可能在理论，尤其是实践方面让你获得较大提升。

■ 在平时，你可以从日常带班活动或是搭班教师那里了解一下自身的不足：如学前教育的专业知识积累不够，还需进一步掌握幼儿园课程改革的理念和做法；教学活动形式单一，信息来源不广；对幼儿已有经验及年龄特点把握不准等。接下来你可以根据自身的不足，开始进行有针对性的学习。通过认真研读学前教育方面的书籍和资料，以及通过带班活动了解幼儿活动特点，如"幼儿是以探索性、直接体验式的学习方式为主"，那么在教学实践中你就可以有意识地改变自己的工作理念与方式。

■　你可以抓住一切机会向身边的同事请教。当你在教学活动中遇到问题一时无法解决时，你可以先记下问题，活动后赶紧向有经验的老教师询问处理的方法。鉴于幼儿园各种促进教师发展的专业活动毕竟有限，所以你要学会在日常带班现场中主动抓住成长的机会。

■　可以邀请带教教师来分析你的教学活动，为你多提建议。每次活动后，要认真进行自我反思，明确改进的方法和策略；你也应该去学习观摩其他同事的保教活动，学习他们的教学策略和方法，而不是一味等待外来的机会，要懂得利用日常机会促进自己的成长。

（四）做好职业规划

"机会是给有准备之人的。"刚刚走出校门走上职业岗位的你，踌躇满志，蓄势待发。但是，如果自己没有确定一个很好的个人发展规划，这一时期也是最容易出现茫然和无措的。俗语说"凡事预则立不预则废"，在这个充满职业竞争的时代，认真规

划自己的职业生涯，是抓住降临的每一个机会的关键，因此走好这一步是他日成功的基石。

1. 怀揣理想，确定目标：长计划、短安排

理想是生活的源泉，没有理想的人生将是一场注定黯然的花期，给自己定一个前进的目标和方向，剩下的只有坚定不移的努力。

思考下面的问题——写下来！

我做幼儿园教师的理想是什么？

_____

我做什么更充满热情？

_____

我有哪些专业特长？

_____

我能干什么？

_____

环境支持或允许我干什么？

_____

现在我要克服的困难是什么？

_____

■ 设立能用明确的语言表述的具体发展目标。如入职的第一学期，我就是要熟悉工作环境，了解班级幼儿特点。

■ 目标要微高于自己的能力。设立的目标是需要通过自己努力才能实现的，而不要过于简单或不切实际，否则毫无意义。

■ 将目标分解，细化。你可以这样分解：计划一学期听有经验教师的课30次，分四个月执行，第一个月听6次（刚开学可能会有其他事情，把时间规定得稍微有些弹性），第二个月听10次，第三个月听8次，第四个月听6次。还可以根据自身的时间安排，细化到每周听几次。

■ 规定目标达成的时间。如计划自己3年的新手适应期，再配上自己的年度计划时间表，那么目标成为现实将指日可待。

2. 制定行动计划：从每天的计划开始

理想写出来就变成目标，目标经过分解成为计划，计划落实就是行动！

■ 制定计划的最佳时间是晚上睡觉前。这个时间，你对当天的整体情况有最清晰的把握，可以知道哪些未完成，然后再有准备地迎接明天。

■ 回想一遍自己的奋斗目标。这样不会让自己的行动脱离"轨道"。

■ 决定做该做的事、目标中的事。根据细化后的目标写出今天需要完成的事情。

■ 下班前总结。计划是否完成？完成了，有什么经验？若未完成，原因何在？切记，一定要写出来！

3.思索与修正计划：转危为安

"计划没有变化快！"因此我们要根据实现目标过程中的变化来不断调整个人计划。

■ 思考、发现新问题，切莫焦虑。

■ 修正计划而非修正目标。目标决不可随意更改，否则会失掉目标的严肃性。

（五）不断自我更新

"日常工作量大"、"对于幼儿来讲，我现在的知识教他们绰绰有余"等等理由都会牵绊我们继续学习的步伐，但教师一旦停止了学习，日常的工作便会如机器一般机械运作，枯燥、乏味。所以，不断的学习可以让教师的职业生涯永葆新鲜。

1.更新学习方式，提高应用能力

■ 搜索——回归法。这是一种帮助新教师处理好理论与实践关系的方法。从学过的理论出发，发现、搜索日常生活实例，进行分析与解读，这就加深了对理论的理解和知识运用。学生时期，大多是从理论到理论的学习模式，这种学习比较枯燥、乏味，缺少自己的思考。与之相反的是，工作之后碰到的都是实际发生的事情，是亲身感受的，容易引起共鸣，可以从中更快地得到提高。

■　团体学习。当今社会是个人利用组织的时代，有很多学习途径：观摩课、听讲座、参加培训与研讨等等，可以获取到很多潜在的、交流的、共享的知识资源。

■　网络学习。当今社会又是网络信息交流的时代，信息传播快、信息交流广、信息量大，进入一些网站的论坛可以与一线教师对话、交流，也可以与专家在线交流，从中吸收各家之长。

2. 更新思想，拓宽思维

■　阅读是思想更新的阶梯。阅读种类不限，可以根据自己的兴趣爱好选择图书，励志类、时尚杂志类、艺术类、科技类等等，本专业领域的著作也是需要阅读的，让自己学有所专，形成自己的教学思想。

■　开阔视界。通过多种途径和资源来获取各种信息，可以帮助改变、更新思考问题的方式和方法，从而促进自身专业的发展与提高。

■　自我审视。在不断的成长与经验积累的过程中完善自己对专业、知识与能力的反思与提升，更加清晰地看待自己、客观地评价自己。

3. 更新生活，提高幸福感

■　着装愉悦自己。买几套漂亮的衣服，让自己享受青春。

■　运动保健身体。参加几项运动或是报名参加运动俱乐部，

运动可以让人保持年轻。

■ 品味高雅艺术。听听轻音乐、欣赏芭蕾舞剧。

■ 自我健康保健。懂得一些医学常识，好好对待自己的身体。

■ 适当发泄情绪。工作压力大了，累了，想哭了，那么请不要忍着，人人都有脆弱的时候，找个安静的地方痛哭或许也是好方法。

■ 保持长久联系。和同学保持联系、和同事保持联系，时常小聚一下，自己也会找到心灵伴侣。

（六）非专业毕业教师的成长

作为一名非学前教育专业毕业的幼儿教师（以下简称"非学前幼儿教师"），你可能会忐忑不安，觉得自己对幼儿园的环境不是很熟悉，觉得自己比不上学前教育专业毕业的教师，因而承受了更大的压力，特别是来自幼儿园教学所需的技能技巧缺乏和科研的压力。

从其他专业转入学前教育专业，虽然经历了一定时间的学习并取得了相应的资格证书，但是和学前教育专业的毕业生相比，毕竟所学有限，这导致了部分非学前幼儿教师不够自信，也不知道如何来适应新的职业环境。俗话说"人很容易成为他自己所认为那样的人"，因此，在初入职之际，非学前幼儿教师一定不要有消极的自我暗示，认为自己是"非学前"的就一定在专业性上有所欠缺。应该在职业生涯中树立信心，对自己做积极的自我暗示，才更有利于今后的发展。

1. 技能技巧不是唯一

在你成长的计划中，不需要将技能技巧的提升放在很重要的地位。毋庸置疑，幼儿教师的技能技巧是基本功，它能在教育活动中起到辅助教学的作用，帮助教师更好地组织教育活动，但技能技巧并不是衡量一个专业幼儿教师的唯一尺度。一名优秀的幼儿教师，不仅要有技能技巧，更重要的是树立正确的儿童观、科学的教育观，热爱儿童、尊重儿童，通过多种形式对儿童进行全面发展的教育，这才是最重要的。

2. 善用自己的特长

非学前幼儿教师可通过善用自己的特长来提升成就感。成就感是人类一种较高层次的心理需求，获得成就感的人更倾向于为实现目标而克服困难，对工作有高度的热情和积极性，并能不断去追求更高水平的发展。

3. 确定合理的奋斗目标

非学前幼儿教师需要对自我进行反思和分析，客观地认识到自己的优势和劣势：有的在艺术领域有所擅长；有的性格活泼、有的比较细心又耐心；有的逻辑思维比较严谨、有的形象思维发展得比较好等等。可根据自己的实际情况确立自己的发展类型，然后在职业发展的基础上根据自己的现实起点、潜力、主客观条件和可获得的资源支持，做好职业发展的定位，为自己设立近期、中期和最终发展目标。所确立的目标要既立足于现实，又富有挑战性。然后

制定相应的学习和行动计划，按照计划采取实施措施。

4. 合理归因

归因分为内部归因和外部归因。外部归因是将一些成功的经验归因为运气等外部的不可控的因素，而将失败归因为自身的能力等一些内部的可控制的因素；内部归因主要是指将成功的经验归因为自身的因素，而将失败的经验归因为外部因素。内部归因可以避免一些因失败而造成的焦虑与沮丧，增强自信心。心理学上认为人在归因的时候总是带有一定的倾向性，非学前幼儿教师在从业的过程中，不可避免会遇到一些不适应与挫败，而这种挫折感会影响他们的专业成长，但是若个体本身能够学会合理归因，可以在一定程度上减轻失败所带来的挫折感。

5. 对科研有正确认识

在实际工作过程中，很多非学前幼儿教师对于学前教育学、心理学方面的知识以及幼儿园的一些科研活动仍有种敬而远之的心理，认为这些都是高深乏味的东西。非学前幼儿教师应树立对科研的正确认识，消除畏惧排斥的心理，并在平时有意识地参加幼儿园科研方面的讨论和培训，接触科研并初步了解科研的情况。鉴于非学前幼儿教师在发展的不同时期所具备能力和需求不同，要保证自己所担任的科研任务是属于自己能力所及的，是在"最近发展区"范围之内的，以避免产生不必要的挫折感，对科研丧失兴趣，甚至产生畏惧心理。当遇到茫然和窍门难寻的苦恼时，要及时请教有经验的老教师和园内负责科研的教师。

6. 形成高层次的职业追求

非学前幼儿教师在入职之初，要形成并追求一种高层次的职业状态。即不要仅仅将幼儿教师这一职业看作是种谋生的手段，甚至只是个过渡，还应该能够在工作中体验到幸福和人生价值。融入幼儿园的园所文化，很快和其他教师融为一体，在一些多姿多彩的园内活动中感受幼儿教师职业的趣味性，并通过参与专题讲座、座谈会、研讨会、读书沙龙等活动，不断充实专业知识与技能，以增强对于幼儿教师职业的胜任感，在不断获得的解决教育教学问题得成功体验中增强对职业的认同。

所以，成为专业的幼儿园教师有许多的途径和方法，作为非专业的新教师要实现专业成长，除了要依靠专业支持，更重要的决定因素在于自己，只要你勇于迎接挑战，为自己创造展现自我的机会，通过一次又一次的磨练，你的专业水平会不断提高，会成长得更快!

你知道吗?

凡是教师缺乏爱的地方，无论品格还是智慧，都不能充分地或自由地发展。……每一个要成为幼年儿童的好教师的人，都必须具有弥漫四射的父母本能。随着学生年龄的增长，这种本能的重要性也就减少。但是，只有那些具有本能的人才能信托他们制定教育计划。

——罗素

推荐书籍：

1. 《学前教育改革启示录》

华爱华著，上海社会科学院出版社，2009年版。

■ 作者以最通俗易懂的写法，将理论与实践相结合，为幼儿教师呈现了诸多学前教育改革与发展中的现象和答案，对非学前教育专业毕业的教师快速了解学前教育改革的背景及动态非常有帮助。

2. 《构筑合宜的大脑》

铁皮鼓编著，天津教育出版社，2009年版。

■ 整本书通过一个个案例对新教师专业阅读进行指导和解析。

3. 《教育小语——100位中外教育家的智慧感悟》

单中惠主编，华东师范大学出版社，2006年版。

■ 本书汇集的是古今中外教育家中选取的100位教育家教育智慧的结晶和教育人生的心声，是值得每一位后继的教育者细细品读、回味的教育真谛，从中将会得到难以估量的震撼和启迪。

4. 《从新手到专家：幼儿教师专业成长研究》

顾荣芳著，北京师范大学出版社，2007年版。

■ 本书从案例入手，详细告诉教师什么是"专业成长"或什么是"幼儿教师的专业成长"促进了幼儿教师主动获得专业成长的能力。

后 记

　　因为工作性质的关系，我们接触了很多新教师和园长，她们不约而同的有着一些相似却又不同的苦恼。新教师的苦恼在于，不知该怎样迈过幼教职场的第一关：进了幼儿园，遇到困难不知向谁求教；见了家长不知该怎样讲第一句话；开家长会时不知该怎样作开场白；看着孩子们在游戏，不知该怎样进行指导，太多太多的问题堵在她们的心头。而园长的苦恼在于，面对着越来越多的新教师，管理工作已经十分繁忙的她们，不知应该如何有针对性地、细致地开展指导：当新教师刚进幼儿园时，该让她们知道哪些与同事相处的知识与技巧，该教给她们哪些与幼儿、家长相处的艺术……于是，就有了这样一本书——《幼儿园新教师上岗手册》，试图让新教师通过自己的阅读，结合每天面对的问题，使她们在进入幼儿园的第一天，就能找到一个不出声的好朋友，帮助她们解决一些难题。本书的撰写体系并不求全，而是针对新教师在刚入幼儿园时最先遇到的和最困难的一些问题进行解

答，这些内容大多是在职前的专业教育中未能涉及，希望这样的内容能使新教师得益。

在本书的撰写中，得到了许多人的帮助和支持。在这里我需要一一进行感谢！其中研究生陈思佳、李金珍、刘曲、杨婧超、张志宏、李小伟参与了部分信息的采集（相信他们对这部分内容有着更深的感受），另外还有出版社的沈岚编辑为本书的出版也花费了诸多精力。除了这些参与到编写中的人员之外，芷江中路幼儿园的郁青副园长、东展幼儿园的范怡园长以及华东师范大学附属幼儿园的吴丹园长也对部分内容提出了很好的建议，在这里一并表示感谢！

编者

图书在版编目（CIP）数据

幼儿园新教师上岗手册／施燕主编.—上海：华东师范大学出版社，
2011.11
（教师职业训练营）
ISBN 978-7-5617-9129-5

Ⅰ.①幼... Ⅱ.①施... Ⅲ.①幼教人员－师资培养－教材　Ⅳ.①G615

中国版本图书馆CIP数据核字(2011)第244122号

教师职业训练营
幼儿园新教师上岗手册

主　　编　　施　燕
副 主 编　　林　琳
策划编辑　　周　合
项目编辑　　沈　岚
审读编辑　　吴延梅
责任校对　　汤　定
封面设计　　卢晓红
版式设计　　宋学宏

出版发行　　华东师范大学出版社
社　　址　　上海市中山北路3663号　　　　邮编　200062
网　　址　　www.ecnupress.com.cn
电话总机　　021-60821666　　　　　　行政传真　021-62572105
客服电话　　021-62865537
门市(邮购)电话　　021-62869887
地　　址　　上海市中山北路3663号华东师范大学校内先锋路口
网　　店　　http://hdsdcbs.tmall.com

印 刷 者　　常熟高专印刷有限公司
开　　本　　787毫米×1092毫米　　1/16
印　　张　　12.75
字　　数　　129千字
版　　次　　2012年2月第1版
印　　次　　2025年1月第18次
书　　号　　ISBN 978-7-5617-9129-5/G·5443
定　　价　　32.00元

出 版 人　　王焰

(如发现本版图书有印订质量问题，请寄回本社客服中心调换或电话021-62865537联系)